★ **100 RECETTES À DÉVORER** ★

CUISINE VÉGÉTARIENNE
midi et soir

Directeur éditorial : Didier Férat
Directrice éditoriale adjointe : Corinne Cesano
Édition : Marjorie Goussu
Création et direction artistique de la couverture : Claire Guigal
Mise en page & Photogravure : Nord Compo
Fabrication : Laurence Duboscq

© Éditions Solar, Paris, 2016

Solar | un département **place des éditeurs**

place
des
éditeurs

Tous droits de traduction, d'adaptation et de reproduction par tous procédés, réservés pour tous pays.
ISBN : 978-2-263-07247-5
Code éditeur : S07247/03
Dépôt légal : janvier 2016
Imprimé en Espagne

SOMMAIRE

Des idées de menus à dévorer *4*

Apéros et petites faims *6*

Plats *44*

Desserts et boissons *172*

Index des recettes *192*

Des idées de menus à dévorer...

AVEC DES COPAINS...

Pain hérisson à partager, p. 40

Hamburger végétarien, p. 104

Crèmes au chocolat véganes, p. 186

SUR LE POUCE...

Chips de vitelotte et de panais et leur dip, p. 12

Bagels aux feuilles de chou et chèvre frais, p. 73

Barres de céréales au pop-corn, p. 178

AU SOLEIL...

Chaussons chèvre-épinards au pesto, p. 108

Tajine de tomates aux poivrons et piment, p. 146

Sablés à la farine de riz, p. 187

QUAND L'AUTOMNE ARRIVE...

Gressins au potiron, beaufort et carvi, p. 8

Wok de panais aux pleurotes, p. 140

Lait d'amande aux figues fraîches, p. 184

À LA FIN DU MOIS...

Soupe et tartinade de fanes de radis, p. 22

Poêlée de chou-fleur aux épices, p. 126

Granité de cœur de concombre à l'orgeat, p. 190

POUR UN DÎNER DE FÊTE...

Caviar de carottes, p. 24

Raviolis à l'époisse et aux poires, p. 90

Cheesecake poire-amandes sans gluten ni lactose, p. 176

BOULETTES
de pommes de terre et brocoli

Pour 4 personnes
Préparation : 30 minutes
Cuisson : 10 minutes

500 g de pommes de terre
2 œufs
50 g de beurre
120 g de beaufort râpé
1 tête de brocoli
1 oignon
20 brins de ciboulette
75 g de farine
1 l d'huile de friture
Sel et poivre du moulin

1. Dans un grand volume d'eau salée, faites cuire les pommes de terre avec leur peau. Une fois refroidies, épluchez-les. Mettez-les dans un saladier et écrasez-les à la fourchette ou au presse-purée.

2. Préparez une pâte à choux : dans une grande casserole, mettez 160 ml d'eau, le beurre, une pincée de sel et portez à ébullition. Baissez le feu, versez la farine d'un coup et mélangez vigoureusement avec une cuillère en bois. Quand la pâte se décolle des bords de la casserole, versez le mélange dans un saladier et ajoutez les œufs un à un sans cesser de remuer, puis incorporez la purée de pommes de terre. Incorporez le beaufort, la ciboulette ciselée et l'oignon émincé. Salez et poivrez si nécessaire.

3. Coupez le brocoli en petits bouquets afin d'obtenir des morceaux de 2 cm environ. Faites-les cuire dans de l'eau bouillante salée de manière à ce qu'ils restent croquants. En fin de cuisson, passez-les sous l'eau froide et égouttez-les.

4. Humidifiez-vous les mains et formez des boulettes de pâte de taille moyenne. Creusez au centre un petit trou avec l'index et glissez-y un morceau de brocoli. Refermez la boulette.

5. Chauffez l'huile de friture. Faites frire les boulettes jusqu'à ce qu'elles soient dorées et égouttez-les sur du papier absorbant.

GRESSINS AU POTIRON,
beaufort et carvi

Pour 20 gressins
Préparation : 10 minutes
Cuisson : 10 minutes

1 pâte feuilletée
1 petit potiron
100 g de beaufort
1 cuil. à café de graines de carvi
Fleur de sel
Poivre du moulin

1. Préchauffez le four à 200 °C (th. 6-7). Râpez le beaufort.

2. Étalez la pâte et coupez-la en bandes de 2 cm de large environ. Disposez-les sur une plaque recouverte de papier cuisson.

3. Récupérez les filaments entourant les graines du potiron. Conservez le reste de la chair du potiron pour réaliser une autre recette (la salade de quinoa aux courges confites p. 36, par exemple).

4. Répartissez les filaments de potiron sur les bandes de pâte, saupoudrez de graines de carvi et de beaufort. Salez et poivrez. Torsadez les bandes de pâte sur elles-mêmes. Enfournez pour 10 minutes.

5. Laissez refroidir sur une grille ou dégustez chaud avec une soupe ou en apéritif.

ROULEAUX DE COURGETTES
au chèvre

Pour 6 personnes
Préparation : 15 minutes
Cuisson : 2 minutes

La peau de 3 courgettes
1 petit chèvre frais (100 g)
10 amandes fraîches
3 cuil. à soupe de miel de garrigue
3 branches de thym
Sel et poivre du moulin

1. Faites blanchir la peau des courgettes 2 minutes dans l'eau bouillante salée. Égouttez-la, puis épongez-la dans du papier absorbant.

2. Mélangez le chèvre, le miel, le thym, du sel et du poivre.

3. Déposez 1 petite cuillerée de farce sur une lanière de courgette et roulez-la. Déposez les rouleaux au fur et à mesure sur une assiette.

4. Posez 1 amande fraîche au centre de chaque rouleau et servez aussitôt.

CHIPS DE VITELOTTE
et de panais et leur dip

Pour 4 personnes
Préparation : 15 minutes
Cuisson : 10-15 minutes

50 g de fromage de chèvre frais
100 g de fromage blanc battu
3 grosses pommes de terre vitelotte
1 panais
1 cuil. à soupe de ciboulette ciselée
2 cuil. à soupe d'huile d'olive
Fleur de sel
Sel et poivre du moulin

1. Épluchez les légumes, lavez-les et coupez-les en rondelles ou en tranches très fines, si possible à la mandoline pour que la découpe soit bien régulière.

2. Préchauffez le four à 180 °C (th. 6). Recouvrez une plaque de papier sulfurisé. Rangez les chips de panais et de vitelotte les unes à côté des autres, sans que les tranches se chevauchent. Huilez-les au pinceau. Enfournez et faites cuire 10 à 15 minutes, jusqu'à ce que les tranches commencent à dorer.

3. Faites tiédir les chips sur du papier absorbant. Préparez le dip : mélangez la ciboulette, le fromage de chèvre frais, le fromage blanc et 1 cuillerée à soupe d'huile d'olive dans un bol, en fouettant à la fourchette. Salez et poivrez.

4. Disposez les chips sur un plat. Parsemez d'un peu de fleur de sel. Servez le dip en même temps, dans un bol ou une coupelle, pour y tremper les chips.

BEIGNETS DE SALSIFIS
au parmesan

Pour 4 personnes
Préparation : 40 minutes
Cuisson : 10 minutes

30 g de parmesan râpé
600 g de salsifis
1 citron
60 g de farine
+ 2 cuil. à soupe
60 g de fécule
15 g de levure chimique
1 l d'huile de maïs
ou de tournesol
(pour la friture)
Sel

1. Pressez le citron et récupérez le jus. Dans un bol, mélangez 4 cuillerées à soupe du jus de citron et 2 cuillerées à soupe de farine. Versez le reste du jus de citron dans un grand saladier d'eau fraîche. Coupez les extrémités des salsifis, puis épluchez-les avec soin. Coupez-les en tronçons de 5 à 6 cm. Plongez-les au fur et à mesure dans l'eau citronnée.

2. Pour la pâte à beignets, mélangez la farine, la fécule et la levure dans un petit saladier. Sans cesser de remuer, versez lentement juste assez d'eau (20 cl environ) pour obtenir une consistance de pâte à crêpes fluide. Ajoutez le parmesan et mélangez bien.

3. Faites bouillir une grande casserole d'eau légèrement salée. Prélevez-en une louche et versez-la dans le bol pour délayer la pâte de citron. Reversez le mélange dans la casserole. Égouttez les salsifis, jetez-les dans l'eau bouillante et faites-les cuire 5 minutes, en les gardant fermes. Égouttez-les à nouveau. Versez l'huile dans une sauteuse et chauffez-la à 170 °C. Épongez soigneusement les salsifis. Trempez-les un à un dans la pâte à beignets, puis plongez-les dans le bain de friture par petites quantités et faites-les dorer 2 ou 3 minutes. Retirez-les à l'aide d'une écumoire et posez-les quelques instants sur du papier absorbant. Servez dans un plat chaud et saupoudrez légèrement de sel.

SAMOSAS

Pour 4 personnes
Préparation : 25 minutes
Cuisson : 20 minutes

5 feuilles de pâte à filo
(ou de brick)
250 g de pommes de terre
bintje
1 cuil. à soupe de ghee
(ou de beurre fondu)
2 jaunes d'œufs
1 piment oiseau
1 cuil. à café de graines
de cumin (ou ½ cuil. à café
de cumin en poudre)
1 cuil. à café de graines
de coriandre (ou ½ cuil.
à café de coriandre moulue)
1 cuil. à café de graines
de moutarde (ou 2 cuil.
à café de moutarde
à l'ancienne)
1 cuil. à café de curcuma
Huile de tournesol
Gros sel, sel fin et poivre
du moulin

1. Pelez les pommes de terre, puis coupez-les en dés. Faites-les cuire à l'eau bouillante additionnée de gros sel, 10 minutes environ, puis égouttez-les. Écrasez-les grossièrement à la fourchette, mélangez-les aux graines de moutarde.

2. Faites chauffer le ghee dans une sauteuse. Ajoutez les graines de cumin, faites-les roussir 30 secondes pour exhaler leurs saveurs, puis ajoutez les pommes de terre écrasées et les graines de coriandre. Mélangez sur le feu, faites sauter à feu moyen 3 minutes en remuant de temps en temps. Hors du feu, ajoutez le piment oiseau épépiné et finement émincé et le curcuma. Salez et poivrez, mélangez.

3. Découpez dans les feuilles de pâte à filo 10 cercles de 14 cm de diamètre environ. Coupez ces cercles en deux. Repliez ces demi-cercles sur eux-mêmes en collant leurs bords avec du jaune d'œuf battu, de manière à obtenir des cônes. Prenez-en un dans le creux de la main en l'ouvrant délicatement. Emplissez-le à moitié de préparation aux pommes de terre, puis refermez-le avec un peu de jaune d'œuf. Préparez ainsi 20 samosas.

4. Chauffez 2 cm d'huile de tournesol à 170 °C dans une sauteuse. Faites-y frire les samosas par fournées successives, 20 à 30 secondes de chaque côté. Égouttez-les sur du papier absorbant.

SHORTBREADS
à la fleur de sel

Pour 10 personnes
Préparation : 10 minutes
Cuisson : 30 minutes
Réfrigération : 1 heure

200 g de beurre
100 g de sucre en poudre
200 g de farine + un peu pour le plan de travail
100 g de Maïzena®
10 g de fleur de sel

1. Dans un grand saladier ou le bol d'un robot, mélangez la farine, la Maïzena® et le sucre. Coupez le beurre en petits morceaux, puis pétrissez tous les ingrédients ensemble jusqu'à l'obtention d'une pâte souple et lisse. Enveloppez cette boule dans un film alimentaire et conservez-la au réfrigérateur pendant 1 heure.

2. Préchauffez le four à 180 °C (th. 6). Farinez très légèrement votre plan de travail, puis étalez la pâte sur 1 cm d'épaisseur environ. Deux présentations possibles que vous ferez cuire sur une plaque à pâtisserie : soit vous découpez, avec un emporte-pièce ou un verre, des ronds de 5 à 6 cm de diamètre (jusqu'à épuisement de la pâte), soit vous déposez la pâte étalée sur la plaque. Dans les deux cas, saupoudrez les shortbreads de fleur de sel. Si la pâte est trop molle, remettez-la 20 à 30 minutes au réfrigérateur avant de la faire cuire. Enfournez pour 30 minutes.

3. Sortez les shortbreads du four et décollez les disques avec une spatule. Si vous avez choisi de faire cuire la pâte entière, attendez qu'elle refroidisse avant de la casser en morceaux. Ces petits gâteaux sont très friables. Déposez vos shortbreads sur une assiette de présentation et dégustez.

BEIGNETS D'AUBERGINE

Pour 4 personnes
Préparation : 10 minutes
Cuisson : 10 minutes

2 aubergines
Huile pour la friture

Pour la pâte :
200 g de farine
1 cuil. à café de levure chimique
Sel

Pour la sauce :
4 cuil. à café de sauce soja
2 cuil. à café de vinaigre
1 cuil. à café d'huile de sésame
Quelques feuilles de coriandre ciselées
2 gousses d'ail hachées
Sel

1. Lavez les aubergines et coupez-les en rondelles.

2. Préparez la pâte à beignets. Mélangez la farine, la levure et une pincée de sel dans un saladier. Diluez avec un peu d'eau pour obtenir une pâte souple.

3. Faites chauffer l'huile dans une casserole.

4. Plongez tour à tour les rondelles d'aubergines dans la pâte, puis dans la friture. Déposez-les sur du papier absorbant dès qu'elles sont dorées.

5. Mélangez tous les ingrédients de la sauce d'accompagnement et répartissez cette dernière dans des coupelles.

6. Servez les beignets chauds. Chaque convive les trempera à sa convenance dans la sauce pour les déguster.

SOUPE DE FANES DE RADIS
& tartinade de fanes de radis

Pour 4 personnes
Préparation : 20 minutes
Cuisson : 20 minutes

Pour la soupe :
Les fanes de 1 botte de radis
2 pommes de terre
1 oignon
50 g de roquefort
1 l de bouillon de légumes
10 cl de crème épaisse
3 cuil. à soupe d'huile d'olive
Poivre du moulin

Pour la tartinade :
Les fanes de 1 botte de radis
50 g de chèvre Sainte-Maure®
50 g de fromage blanc
1 poignée de cerneaux de noix
1 poignée de raisins secs
1 cuil. à soupe d'écorce de citron confit
Sel et poivre du moulin

1. Préparez la soupe. Lavez les fanes de radis et égouttez-les. Épluchez l'oignon et les pommes de terre. Ciselez l'oignon et coupez les pommes de terre en morceaux. Faites revenir l'oignon dans un faitout avec l'huile. Ajoutez les pommes de terre et les fanes. Couvrez de bouillon et faites cuire 15 minutes. Écrasez à la fourchette la crème avec le roquefort. Poivrez. Mixez la soupe. Ajoutez 1 cuillerée de crème au roquefort.

2. Préparez la tartinade. Lavez les fanes et séchez-les bien. Coupez-les finement. Écrasez le chèvre avec le fromage blanc. Ajoutez les cerneaux de noix concassés, les raisins secs et l'écorce de citron confit coupée finement. Salez, poivrez et mélangez. Servez sur des tartines de pain grillé, pour accompagner la soupe.

CAVIAR
de pelures de carottes

Pour 1 pot
Préparation : 10 minutes
Cuisson : 5 minutes

Les pelures de 2 bottes de carottes
3 tranches de pain de campagne rassis
5 cl de lait
1 gousse d'ail
1 cuil. à soupe d'écorce de citron confit au sel
5 cl d'huile d'olive
Quelques branches de thym frais
Sel et poivre du moulin

1. Faites ramollir le pain dans le lait, puis pressez-le.

2. Épluchez la gousse d'ail, puis ôtez le germe. Effeuillez le thym.

3. Faites cuire les pelures et l'ail 5 minutes à la vapeur.

4. Mixez-les ensuite avec l'écorce de citron, l'huile, le thym et le pain égoutté. Ajoutez du sel et du poivre, puis mélangez.

BLINIS D'ARTICHAUT

Pour 12 pièces
Préparation : 15 minutes
Cuisson : 15 minutes

3 tiges d'artichauts cuites (160 g)
100 g de yaourt de brebis
200 g de farine
2 œufs
15 cl de lait
1 sachet de levure
3 cuil. à soupe d'huile
Sel et poivre du moulin

1. Passez les tiges d'artichauts à la moulinette.

2. Séparez les blancs d'œufs des jaunes. Mélangez les jaunes avec le yaourt, le lait, la purée d'artichauts, la farine, la levure, du sel et du poivre.

3. Battez les blancs d'œufs en neige et incorporez-les délicatement à la préparation.

4. Faites chauffer une poêle avec un peu d'huile et déposez de petites louches de pâte espacées dans la poêle. Laissez cuire 2 minutes de chaque côté et renouvelez l'opération jusqu'à épuisement de la pâte. Servez chaud.

PETITS BLINIS DE RUTABAGA
au curry

Pour 4 personnes
Préparation : 30 minutes
Cuisson : 30 minutes
+ 2 minutes environ
par crêpe

3 œufs
3 blancs d'œufs
5 à 10 cl de lait entier
1 cuil. à soupe de crème fraîche
30 à 50 g de beurre
600 g de rutabagas
2 oignons nouveaux
3 cuil. à soupe de farine
1 cuil. à café de curry
Sel et poivre du moulin

1. Coupez la partie vert foncé des tiges d'oignons et hachez finement le reste. Épluchez les rutabagas. Coupez-les en morceaux en retirant le cœur dur et rincez-les. Faites-les cuire 30 minutes environ à l'eau bouillante légèrement salée, jusqu'à ce qu'ils soient bien tendres. Égouttez-les, puis faites une purée fine en passant les rutabagas au moulin à légumes.

2. Mettez la purée de rutabaga dans un saladier, ajoutez la crème, le lait et le curry, et mélangez bien. Saupoudrez la farine en surface et incorporez-la au fur et à mesure en remuant vivement avec une cuillère en bois. Sans cesser de remuer, ajoutez successivement les œufs entiers et les blancs. Mélangez bien pour obtenir une consistance de crème épaisse. Ajoutez les oignons hachés, salez et poivrez. Remuez à nouveau.

3. Faites fondre 10 g de beurre dans une mini-poêle (si possible une poêle à blinis). Versez une petite louche de pâte et laissez-la s'étaler spontanément. Faites cuire 1 ou 2 minutes à feu moyen, jusqu'à ce que la pâte soit dorée. Retournez à l'aide d'une spatule et procédez de même pour la seconde face.

4. Au fur et à mesure de leur cuisson, glissez les blinis sur un plat chaud, sans les empiler pour qu'ils ne collent pas entre eux. Maintenez au chaud pendant la fin de la cuisson.

PURÉE D'AUBERGINES
à l'huile de sésame

Pour 4 personnes
Préparation : 25 minutes
Cuisson : 45 minutes

6 belles aubergines fermes et luisantes, sans taches
½ citron
1 gousse d'ail
2 cuil. à soupe de graines de sésame
1 cuil. à soupe d'huile d'olive
1 cuil. à soupe d'huile de sésame
Sel et poivre du moulin

1. Préchauffez le four à 180 °C (th. 6).

2. Lavez les aubergines, essuyez-les et ôtez le pédoncule. Piquez-les sur toutes les faces avec la pointe d'un petit couteau. Posez-les entières sur la grille du four tapissée de papier aluminium, enfournez et laissez cuire pendant 45 minutes environ.

3. Pendant ce temps, faites griller à sec les graines de sésame dans une petite poêle en prenant garde qu'elles ne brûlent pas. Retirez-les du feu dès qu'elles commencent à dégager leur parfum. Pelez et hachez l'ail. Pressez le jus du citron.

4. Sortez les aubergines du four et coupez-les en deux dans la longueur. Récupérez toute la pulpe avec une cuillère et mettez-la dans une passoire pour la laisser s'égoutter. Passez-la ensuite rapidement au mixeur en ajoutant l'ail et le jus de citron.

5. Incorporez les graines de sésame et les huiles à la préparation précédente et faites réchauffer doucement dans une casserole sur feu doux. Goûtez et rectifiez l'assaisonnement. Servez avec du pain grillé ou des blinis.

PURÉE DE TOMATES
à la crème d'ail

Pour 4 personnes
Préparation : 30 minutes
Cuisson : 30 minutes

1 kg de tomates bien mûres
300 g de haricots blancs au naturel bien égouttés
12 gousses d'ail
25 cl de lait
1 tranche de pain de mie
1 cuil. à soupe de persil haché
Quelques pincées de noix de muscade fraîchement râpée
Sel et poivre du moulin

1. Préparez la crème d'ail : pelez les gousses d'ail et plongez-les dans une casserole d'eau bouillante pendant 5 minutes. Égouttez-les et répétez cette opération deux fois.

2. Versez le lait dans une casserole et chauffez. Ajoutez les gousses d'ail, le persil, le pain émietté et la noix de muscade. Salez et poivrez. Faites cuire sur feu doux en remuant pendant 15 minutes, puis passez au mixeur jusqu'à obtention d'une consistance homogène. Réservez.

3. Ébouillantez les tomates et pelez-les, coupez-les en deux, retirez les graines, puis passez la chair au mixeur et versez le coulis obtenu dans une casserole. Réduisez également en purée les haricots blancs bien égouttés, puis ajoutez-les aux tomates.

4. Faites chauffer sur feu doux, en incorporant la crème d'ail en fouettant légèrement. Goûtez et rectifiez l'assaisonnement. Servez avec du pain grillé ou des blinis.

SOUPE DE PETIT ÉPEAUTRE
aux légumes primeurs

Pour 6 personnes
Préparation : 25 minutes
Cuisson : 45 minutes

200 g de petit épeautre en grains
1 botte d'asperges vertes
750 g de petits pois frais
3 carottes primeurs
1 botte d'oignons nouveaux
1 tête d'ail nouveau
(ou 2 gousses d'ail sec)
1 feuille de laurier
2 branches de thym frais
½ branche de romarin frais
2 cuil. à soupe d'huile d'olive
+ un peu pour le service
2 cuil. à soupe de gros sel
Sel et poivre du moulin

1. Lavez les oignons et l'ail, émincez-les finement en conservant 10 cm de tige. Écossez les petits pois. Lavez les carottes et coupez-les en rondelles. Lavez les asperges, retirez la partie dure de la base et coupez-les en rondelles de 1 ou 2 cm en conservant les pointes. Rincez le petit épeautre.

2. Faites suer 2 minutes à l'huile d'olive les oignons et l'ail émincés. Versez 1,5 l d'eau et le gros sel dans une cocotte et portez à ébullition. Ajoutez le petit épeautre, le laurier, le thym et le romarin, couvrez et laissez mijoter 45 minutes à feu doux. Dix minutes avant la fin de la cuisson, ajoutez les légumes primeurs. Salez selon votre goût et poivrez.

3. Servez la soupe très chaude avec un filet d'huile d'olive.

SALADE DE QUINOA
aux courges confites

Pour 4 personnes
Préparation : 25 minutes
Cuisson : 1 heure

250 g de quinoa
1 à 1,5 kg de courge
(butternut, potimarron,
courge musquée…)
2 gousses d'ail
2 échalotes
2 cuil. à soupe d'huile d'olive
1 cuil. à café d'herbes
de Provence
1 cuil. à café de moutarde
de Dijon
1 cuil. à soupe de miel
2 cuil. à soupe de vinaigre
balsamique
4 cuil. à soupe d'huile
de pépins de courge
20 g de graines de courge
Herbes (persil, coriandre…)
pour servir
Sel et poivre du moulin

1. Coupez la courge en deux et ôtez les graines à l'aide d'une cuillère. Puis coupez-les en morceaux de 2 cm de côté environ. Pelez, dégermez et hachez l'ail. Pelez et ciselez finement les échalotes.

2. Préchauffez le four à 180 °C. Déposez les morceaux de courge dans la lèchefrite du four. Ajoutez l'ail haché, arrosez d'huile d'olive, saupoudrez d'herbes de Provence, salez et poivrez à votre convenance. Mélangez bien. Enfournez pour 50 minutes en remuant de temps en temps : les cubes de courge doivent être confits. Prolongez la cuisson si nécessaire.

3. Pendant ce temps, préparez le quinoa. Rincez abondamment les graines de quinoa à l'eau froide. Versez dans une casserole et ajoutez 45 cl d'eau avec ½ cuillerée à café de sel. Portez à ébullition, puis laissez cuire à feu moyen 10 minutes environ. Retirez du feu et laissez gonfler à couvert les graines de quinoa 5 minutes.

4. Dans un bol, préparez la vinaigrette en mélangeant la moutarde, le miel et le vinaigre avec l'huile de pépins de courge. Salez et poivrez à votre convenance. Dans un saladier, mélangez délicatement les dés de courge confits, le quinoa et les échalotes émincées avec ⅔ de la vinaigrette.

5. Répartissez la salade de quinoa dans 4 assiettes et arrosez du reste de vinaigrette. Parsemez de quelques graines de courge et d'herbes ciselées si vous le souhaitez.

SALADE DE TOFU PARFUMÉ
et poireau

Pour 4 personnes
Préparation : 10 minutes

8 petits carrés
de « tofu gan »
1 petit poireau
1 grosse gousse d'ail
1 cuil. à soupe d'huile
de sésame
1 cuil. à café de sauce soja
Poivre du moulin

1. Coupez les morceaux de tofu en lamelles. Lavez soigneusement le poireau et coupez-le en allumettes très fines.

2. Mélangez dans un plat le tofu, l'ail et le poireau. Arrosez d'huile de sésame et de sauce soja. Poivrez avant de servir.

PAIN HÉRISSON
à partager

Pour 4 à 6 personnes
Préparation : 15 minutes
Cuisson : 15-20 minutes

1 pain de campagne en boule de 300 g
250 g de mozzarella
90 g de pesto vert
20 g de parmesan finement râpé
1 petit bouquet de basilic

1. Entaillez le pain dans un sens, environ tous les centimètres et demi en coupant presque jusqu'au fond : attention, il ne faut pas le couper en tranches. Puis tournez le pain d'un quart de tour et recommencez de manière à découper le pain en petits carrés.

2. Préchauffez le four à 180 °C (th. 6). Coupez la mozzarella en très fines tranches et déposez-les sur du papier absorbant. Mélangez le pesto et le parmesan. Fourrez le pain, d'abord dans un sens avec le mélange pesto parmesan, puis dans l'autre avec la mozzarella. Pour cela, écartez les rangées de pain et glissez chaque garniture dans les fentes.

3. Déposez le pain sur une plaque recouverte de papier cuisson et enfournez pour 15 à 20 minutes.

4. Sortez le pain du four, faites-le glisser sur un plat et décorez-le de feuilles de basilic. Servez sans attendre : chacun pourra tirer des carrés de pain imprégnés de pesto et de mozzarella.

TARTARE DE TOMATES JAUNES
et green zebra, gelée de cœur de bœuf

Pour 4 personnes
Réfrigération :
20 minutes
Préparation : 40 minutes
Cuisson : 5 minutes
Macération : 30 minutes

800 g de tomates cœur de bœuf
2 tomates green zebra
2 tomates jaunes
Quelques feuilles de basilic (ou coriandre) ciselée
1 petite échalote grise hachée
4 cuil. à soupe d'huile d'olive
1 sachet (4g) d'agar-agar
1 pincée de thym
1 pincée de sucre
Sel et poivre du moulin

1. La veille, préparez un jus de tomate : plongez les tomates rouges 10 secondes dans l'eau bouillante. Égouttez-les et retirez la peau. Coupez la pulpe en dés. Mettez-les dans une casserole avec le sucre, un peu de sel, le thym et 5 cl d'eau. Faites mijoter doucement pendant 5 minutes. Posez une passoire sur un bol, tapissez-la d'une mousseline et versez les tomates. Placez l'ensemble au réfrigérateur et laissez égoutter jusqu'au lendemain.

2. Diluez l'agar-agar dans 1 cuillère à soupe d'eau. Sortez le jus de tomate du réfrigérateur, pressez un peu pour tout exprimer et mesurez-en 30 cl. Chauffez-le dans une casserole, ajoutez l'agar-agar et diluez-le en remuant. Laissez refroidir. Versez la gelée de tomate encore liquide dans 4 assiettes et laissez prendre au réfrigérateur. Ébouillantez les tomates jaunes et vertes pendant 10 secondes, rafraîchissez-les et pelez-les. Ouvrez-les et retirez les graines. Taillez la chair en petits dés. Mettez-les séparément dans 2 petits saladiers. Assaisonnez chacun de 2 cuillerées à soupe d'huile d'olive, puis ajoutez une pincée d'échalote et un peu de basilic ou de coriandre. Salez et poivrez, remuez et laissez macérer 30 minutes.

3. Sortez les assiettes du réfrigérateur et déposez les tartares sur la gelée, en quenelles ou au cercle.

SOUPE DE LÉGUMES ANCIENS
à la crème d'ail

Pour 4 bols
Préparation : 15 minutes
Cuisson : 1 heure

1 potimarron (500 g épluché)
3 petits navets
3 topinambours
1 panais
125 g de petit épeautre
1 gros oignon
2 gousses d'ail
½ feuille de laurier
1 pincée de thym
1 pincée de paprika
15 cl de crème liquide
Sel et poivre du moulin

1. Dans un faitout, faites cuire l'épeautre 30 minutes, à couvert dans de l'eau en ébullition. Retirez le cœur et les graines du potimarron, ne le pelez pas. Pelez les navets, les topinambours et le panais. Émincez finement l'oignon. Découpez tous les autres légumes en dés de 1,5 cm environ.

2. Lorsque l'épeautre est cuit, ajoutez dans le faitout les légumes ainsi que le laurier, le thym et le paprika. Recouvrez à peine d'eau et poursuivez 30 minutes la cuisson, à couvert. Versez la crème dans une petite casserole, ajoutez les gousses d'ail sans leur germe et hachées, faites chauffer et stoppez le feu avant l'ébullition.

3. Laissez infuser 10 minutes sous un couvercle. Lorsque les légumes et l'épeautre sont cuits, retirez le laurier, ajoutez la crème d'ail filtrée, salez, poivrez et dégustez bien chaud.

MINESTRONE DE RIZ ROND
aux lentilles et pois cassés

Pour 6 personnes
Préparation : 15 minutes
Cuisson : 30 minutes

160 g de riz rond demi-complet
55 g de pois cassés
65 g de lentilles corail
40 g de lentilles vertes
1 carotte
1 navet
1 poireau
1 branche de céleri
1 oignon
3 gousses d'ail
2 feuilles de laurier
3 cuil. à soupe d'huile d'olive
2 ou 3 cuil. à soupe de gros sel
60 g de parmesan
Poivre du moulin

1. Pelez la carotte et le navet, et coupez-les en petits dés. Retirez la base et la partie la plus verte du poireau, coupez-le en quatre dans la longueur et lavez-le sous un jet d'eau froide. Lavez le céleri. Émincez finement le poireau et le céleri. Pelez et ciselez l'oignon. Pelez, dégermez et écrasez les gousses d'ail avec le plat d'un couteau.

2. Dans une cocotte, faites suer 5 minutes dans 2 cuillerées à soupe d'huile d'olive tous les légumes sauf l'ail. Ajoutez le riz, les pois cassés, les lentilles et les feuilles de laurier. Versez 2 litres d'eau sur les légumes, salez et portez à ébullition. Couvrez et laissez mijoter 25 minutes. À la fin de la cuisson, rectifiez l'assaisonnement si nécessaire et poivrez. Ajoutez les gousses d'ail écrasées.

3. Répartissez ce minestrone dans des assiettes. Arrosez-le d'un filet d'huile d'olive et parsemez de parmesan coupé en fins copeaux. Vous pouvez remplacer le riz rond par un riz thaï complet ou un riz rouge long de Camargue.

PURÉE DE CAROTTES AU PAVOT

Pour 4 personnes
Préparation : 20 minutes
Cuisson : 25 minutes

500 g de carottes longues
2 grosses pommes de terre à chair farineuse
18 cl de crème fraîche
50 g de beurre
1 cuil. à soupe de graines de pavot
Sel et poivre du moulin

1. Pelez les carottes et les pommes de terre. Coupez les premières en tronçons et les secondes en gros dés. Faites-les cuire à l'eau ou à la vapeur pendant 20 à 25 minutes, jusqu'à ce que la pointe d'un couteau les transperce facilement.

2. Égouttez les légumes, puis passez-les au moulin. Versez la purée obtenue dans une casserole à fond épais et faites-la dessécher sur feu très doux en remuant. Incorporez la crème fraîche et la moitié des graines de pavot en travaillant la purée avec un fouet. Salez et poivrez.

3. Ajoutez ensuite le beurre froid en parcelles et continuez à fouetter jusqu'à obtention d'une consistance mousseuse et homogène. Versez la purée bien chaude dans un légumier et parsemez du reste des graines de pavot.

PURÉE DE PATATES DOUCES
en gratin aux épices

SAVEURS D'AUTOMNE

Pour 4 personnes
Préparation : 25 minutes
Cuisson : 40 minutes

1 kg de patates douces
4 œufs
50 g de beurre
2 pincées de poivre de Cayenne
½ cuil. à café de chili
en poudre
1 cuil. à café de cumin
en poudre
Quelques pincées de noix
de muscade fraîchement râpée
Sel et poivre du moulin

1. Lavez les patates douces en les brossant sous l'eau courante, puis faites-les cuire à la vapeur pendant 20 minutes environ. Égouttez-les, laissez-les tiédir, puis pelez-les.

2. Préchauffez le four à 180 °C (th. 6).

3. Dans une terrine, écrasez les patates douces à la fourchette, puis ajoutez à cette purée les œufs battus en omelette, le poivre de Cayenne, le chili et le cumin. Salez, poivrez et ajoutez la noix de muscade. Mélangez.

4. Beurrez un plat à gratin et versez-y la préparation. Ajoutez le reste de beurre en parcelles et enfournez pendant 20 minutes environ. Servez dans le plat de cuisson.

PURÉE DE FÈVES AUX MORILLES

Pour 4 personnes
Préparation : 30 minutes
Cuisson : 40 minutes

2 kg de fèves fraîches en gousses
300 g de morilles
2 échalotes
1 petit oignon
80 g de beurre
1 cuil. à café de sarriette fraîche
30 cl de crème fraîche épaisse
Le jus de ½ citron
1 cuil. à café de sucre en poudre
Sel et poivre du moulin

1. Écossez les fèves, puis dérobez-les pour en libérer les graines. Mettez-les dans une casserole avec la moitié du beurre en parcelles, le sucre, l'oignon pelé et la sarriette. Salez et poivrez. Ajoutez 10 cl d'eau, portez à ébullition, puis couvrez et laissez mijoter pendant 20 minutes.

2. Égouttez le contenu de la casserole et passez-le au mixeur ou au moulin à légumes, ajoutez 3 cuillerées à soupe de crème fraîche en fouettant, salez et poivrez. Réservez au chaud.

3. Préparez les morilles : lavez-les très soigneusement, puis épongez-les. Faites fondre 15 g de beurre dans une casserole, ajoutez les morilles et une pincée de sel, faites cuire sur feu doux et à couvert pendant 5 minutes. Égouttez-les.

4. Faites fondre le reste de beurre dans la casserole nettoyée, ajoutez les échalotes pelées et ciselées et faites-les cuire pendant 2 minutes à feu doux. Remettez les morilles et laissez-les cuire 4 minutes en remuant. Ajoutez le reste de crème fraîche et le jus de citron et faites cuire encore 8 à 10 minutes. Salez et poivrez.

5. Mélangez délicatement la purée de fèves avec les morilles à la crème et servez aussitôt.

SOUPE À L'ŒUF CROUSTILLANT
et au pak-choï

Pour 4 personnes
Préparation : 20 minutes
Cuisson : 10 minutes

2 œufs
300 g de pak-choï (brocoli chinois) ou d'un autre légume vert
1 l de bouillon de légumes (frais ou préparé avec du concentré)
2 gousses d'ail
1 cuil. à soupe de sauce d'huître
1 cuil. à soupe de sauce soja
3 cuil. à soupe d'huile de tournesol
Quelques gouttes d'huile de sésame
1 cuil. à café de sucre
Sel

1. Cassez les œufs dans un bol et battez-les en omelette avec une pincée de sel. Pelez les gousses d'ail, émincez-les en fines lamelles.

2. Faites chauffer l'huile de tournesol dans un wok à feu vif. Quand elle est bien chaude, versez-y doucement les œufs battus en prenant garde aux éclaboussures ; faites-les frire jusqu'à ce que l'omelette soit prise et que les bords soient bien croustillants. Retournez-la et faites cuire l'autre côté quelques secondes seulement. Sortez-la avec une écumoire et égouttez-la sur du papier absorbant.

3. Laissez le wok sur le feu et faites frire les lamelles d'ail jusqu'à ce qu'elles soient juste dorées. Égouttez-les et réservez-les.

4. Coupez la base des pieds de pak-choï, pelez le bas des tiges, taillez le légume en lanières. Coupez l'omelette également en lanières.

5. Versez le bouillon dans une casserole et amenez à ébullition. Ajoutez le pak-choï, le sucre, une pincée de sel, la sauce soja et la sauce d'huître ; faites cuire quelques minutes à feu doux, jusqu'à ce que le légume soit bien cuit. Ajoutez les lanières d'œufs et l'ail frit, laissez encore quelques instants sur le feu pour tout réchauffer. Au dernier moment, ajoutez l'huile de sésame.

PURÉE DE CÉLERI-RAVE
aux feuilles de céleri

Pour 4 personnes
Préparation : 25 minutes
Cuisson : 35 minutes

1 boule de céleri-rave
2 grosses pommes de terre à chair farineuse
2 branches de céleri garnies de feuilles très vertes
Le jus de 1 citron
10 cl de crème fleurette
50 g de beurre
Sel et poivre du moulin

1. Pelez soigneusement la boule de céleri-rave en ôtant les yeux. Coupez-la en tranches épaisses ou en quartiers, puis à nouveau en morceaux plus petits. Citronnez-les. Pelez et lavez les pommes de terre. Coupez-les en cubes.

2. Prélevez les feuilles des branches de céleri, lavez-les, épongez-les et ciselez-les finement à l'aide d'une paire de ciseaux. Réservez.

3. Effilez les branches et coupez-les en petits tronçons. Déposez-les dans une casserole avec le céleri-rave et les pommes de terre. Salez et couvrez largement d'eau. Portez à ébullition et laissez cuire à petits bouillons pendant 25 à 30 minutes.

4. Égouttez les légumes et passez-les au moulin. Faites chauffer la crème fleurette dans une casserole et versez-y la purée. Mélangez intimement en ajoutant le beurre en parcelles et fouettez pendant 5 minutes. Salez et poivrez. Incorporez les feuilles de céleri ciselées, mélangez et servez très chaud.

SOUPE POIREAU-
pomme de terre à la crème

Pour 4 bols
Préparation : 15 minutes
Cuisson : 40 minutes

3 beaux poireaux
2 pommes de terre moyennes
2 oignons
2 gousses d'ail
1 branche de céleri
1 feuille de laurier
3 brins de thym
20 g de beurre
15 cl de crème liquide
Sel et poivre du moulin

1. Pelez les pommes de terre, coupez-les en petits dés ; ôtez la base des poireaux ainsi que l'extrémité du vert. Lavez-les soigneusement. Hachez les oignons et l'ail. Émincez finement le céleri et les poireaux.

2. Faites revenir les oignons 5 minutes dans le beurre, puis ajoutez les poireaux. Poursuivez la cuisson 5 minutes. Ajoutez ensuite les pommes de terre, le céleri, un peu de sel, le thym et le laurier. Versez 1 litre d'eau. Portez à ébullition, puis baissez le feu et laissez frémir 25 minutes, à couvert.

3. Retirez le laurier et le thym. Ajoutez la crème, rectifiez l'assaisonnement, et remettez sur feu doux (la crème ne doit pas bouillir) 5 à 10 minutes. Servez bien chaud, sans mixer.

PILAF DE RIZ NOIR, LÉGUMES
croquants, câpres et graines

Pour 6 personnes
Préparation : 30 minutes
Cuisson : 30 minutes

360 g de riz noir
40 g de beurre
1 oignon
1 botte d'oignons nouveaux
1 tête d'ail nouveau
3 courgettes
3 poivrons verts
3 bulbes de fenouil
90 g de câpres au vinaigre
2 cuil. à soupe de graines de courge
2 cuil. à soupe de graines de tournesol
1 cuil. à soupe de graines de sésame
6 cuil. à soupe d'huile d'olive
1 tablette de bouillon de légumes
1 cuil. à soupe de vinaigre de cidre
1 cuil. à café de sel
Poivre du moulin

1. Pelez et ciselez l'oignon. Lavez les oignons nouveaux et émincez-les finement en conservant 10 cm de tige. Émincez finement l'ail. Lavez les légumes. Coupez les courgettes en petits dés et émincez finement les autres légumes. Torréfiez ensemble les graines quelques dizaines de secondes dans une poêle chaude, sans cesser de remuer.

2. Portez à ébullition 60 cl d'eau avec la tablette de bouillon. Préchauffez le four à 180 °C. Dans une cocotte passant au four, chauffez 2 cuillerées à soupe d'huile avant d'y faire suer l'oignon ciselé pendant 5 minutes. Ajoutez le riz et mélangez avec une cuillère en bois pour bien enrober les grains d'huile. Versez le bouillon, couvrez et mettez au four 20 minutes. Pendant ce temps, dans une poêle, faites revenir quelques minutes les oignons nouveaux et l'ail, puis les légumes séparément avec 1 cuillerée d'huile à chaque fois : ils doivent être encore croquants. Réservez-les. Ajoutez les câpres aux légumes croquants, arrosez de vinaigre, assaisonnez et mélangez. Sortez la cocotte du four, ajoutez le beurre en morceaux, sans remuer, et laissez reposer 5 minutes à couvert. Mélangez.

3. Servez le riz pilaf dans la cocotte et les légumes croquants dans un plat creux. Accompagnez-les de graines torréfiées.

RIZ CROUSTILLANT
aux tiges d'asperges sautées

Pour 4 personnes
Préparation : 10 minutes
Cuisson : 25-30 minutes

Les tiges fibreuses de 1 botte d'asperges vertes
3 oignons nouveaux avec les fanes
250 g de riz basmati
70 cl de bouillon de légumes
70 g de cacahuètes grillées à sec
20 cl de lait de coco
4 cuil. à soupe d'huile d'olive
1 cuil. à café de curry
1 cuil. à soupe de sauce satay
Quelques feuilles de coriandre
Sel et poivre du moulin

1. Coupez les tiges d'asperges en rondelles. Faites-les cuire 10 minutes à la vapeur.

2. Faites chauffer l'huile dans une grande poêle, ajoutez le riz et les oignons, les rondelles d'asperges, du sel, du poivre et le curry. Remuez pendant 5 minutes, puis versez le bouillon et faites cuire à couvert pendant 10 minutes sans remuer. Poursuivez la cuisson 5 minutes à découvert puis, une fois le bouillon absorbé, ajoutez les cacahuètes concassées. Remuez le riz avec une spatule et laissez-le croustiller quelques minutes.

3. Faites chauffer le lait de coco avec la sauce satay. Salez et poivrez.

4. Servez le riz avec la sauce à part et de la coriandre ciselée.

RAVIOLES DE ROYANS

Pour 4 personnes
Préparation : 20 minutes
Cuisson : 10 minutes

Pour la pâte :
2 œufs entiers + 2 jaunes
250 g de farine type 65
+ un peu pour l'assiette
1 cuil. à soupe d'huile
de tournesol
1 cuil. à café de sel

Pour la farce :
30 g de persil plat haché
100 g de comté râpé
80 g de fromage frais
en faisselle égoutté
Sel et poivre du moulin

Pour la sauce :
1 botte de ciboulette ciselée
25 cl de crème liquide
Sel et poivre du moulin

1. Dans un saladier, mélangez la faisselle, le comté, le persil, du sel et du poivre. Réservez.

2. Préparez la pâte. Versez la farine sur un plan de travail. Creusez un puits et cassez-y les œufs. Ajoutez le sel et l'huile, mélangez avec une fourchette. Incorporez petit à petit la farine en travaillant la pâte du bout des doigts. Ramassez la pâte à l'aide d'une spatule, puis travaillez-la sur le plan de travail pendant 15 minutes. Effectuez quatre ou cinq fois un mouvement d'arrière en avant avec la paume de la main, déplacez le pâton d'un quart de tour et recommencez l'opération. Lorsque la pâte est lisse et homogène, formez une boule et couvrez-la de film étirable. Faites-la reposer 30 minutes au réfrigérateur dans le bac à légumes.

3. Abaissez la pâte le plus finement possible au format de la plaque à ravioles. Vous devez obtenir plusieurs feuilles de 15 × 35 cm environ.

4. Déposez délicatement la pâte sur la plaque à ravioles et enfoncez-la dans les empreintes avec vos doigts. Déposez la farce à l'aide d'une poche à douille, puis recouvrez le tout d'une seconde feuille de pâte. Passez les ravioles au rouleau à pâtisserie afin de les marquer : elles sont prêtes quand les dents de la plaque sont visibles sur la pâte. Décollez la plaque et détachez les ravioles par bandes. Réservez au réfrigérateur sur une assiette farinée pour qu'elles ne collent pas.

5. Dans une casserole, faites chauffer la crème avec la ciboulette, une pincée de sel et du poivre. Réservez.

6. Dans une grande casserole d'eau bouillante salée, faites cuire les plaques de ravioles à petits frémissements pendant 1 min 30 à partir de la reprise de l'ébullition, les unes après les autres. Égouttez avec une écumoire et disposez-les sur les assiettes. Répartissez la crème à la ciboulette et servez aussitôt.

RAVIOLES AU BROCOLI

Pour 4 personnes
Préparation : 30 minutes
Repos : 30 minutes
Cuisson : 1 h 15

Pour la pâte à ravioles :
200 g de semoule de blé fine ou moyenne + un peu pour le plan de travail
2 œufs
4 cuil. à soupe d'huile d'olive
½ cuil. à café de sel

Pour le bouillon :
1 oignon
1 gousse d'ail
2 cm de gingembre
Les feuilles de 2 tiges de céleri
1 feuille de laurier
3 grains de poivre
1 cuil. à soupe de gros sel
2 cuil. à soupe d'huile d'olive
2 cuil. à soupe de sauce soja

Pour la farce :
1 tige de brocoli + les feuilles
1 gousse d'ail
10 brins de persil
1 petit bouquet de ciboulette
6 cuil. à soupe d'huile d'olive
1 cuil. à soupe de pâte de cacahuètes
Sel et poivre du moulin

1. Préparez la pâte à ravioles. Mélangez la semoule avec les œufs, l'huile et le sel. Ajoutez 2 cuillerées à soupe d'eau, puis formez une boule. Laissez-la reposer 30 minutes.

2. Préparez le bouillon. Dans un grand faitout, faites revenir dans l'huile l'oignon ciselé et l'ail écrasé pendant 5 minutes. Ajoutez le gingembre, le céleri, le laurier, le poivre, le gros sel et couvrez de 2 litres d'eau. Faites cuire 1 heure à couvert.

3. Préparez la farce. Hachez la tige de brocoli et les feuilles avec l'ail, le persil et la ciboulette. Ajoutez 2 cuillerées à soupe d'huile, du sel, du poivre et la pâte de cacahuètes. Mélangez bien et faites cuire cette farce dans une poêle avec le reste d'huile pendant 5 minutes en remuant.

4. Étalez finement la pâte à ravioles avec un rouleau sur un plan de travail saupoudré de semoule ou avec un laminoir à pâte. Découpez des ronds ou des carrés dans la pâte avec un emporte-pièce. Déposez une noix de farce au centre d'un morceau de pâte, recouvrez d'un autre rond de pâte, puis scellez les bords avec un peu d'eau en chassant l'air. Renouvelez l'opération jusqu'à épuisement des ingrédients.

5. Filtrez le bouillon, remettez-le dans une casserole et ajoutez la sauce soja. Portez à ébullition, puis plongez les ravioles pendant 5 ou 6 minutes. Servez dans de grands bols avec un peu de bouillon.

POLENTA CRÉMEUSE
aux champignons de Paris

Pour 4 personnes
Préparation : 20 minutes
Cuisson : 15 minutes

75 cl de lait
4 cuil. à soupe de mascarpone
1 kg de champignons de Paris frais
2 gousses d'ail
10 brins de persil
250 g de polenta fine
2 cuil. à soupe d'huile d'olive
1 cuil. à café de sel

1. Parez les champignons en ôtant la partie terreuse et en coupant la base du pied, puis émincez-les. Épluchez et dégermez les gousses d'ail. Effeuillez les brins de persil. Hachez ensemble ail et persil. Dans une casserole, portez le lait et 75 cl d'eau à ébullition. Ajoutez le sel et versez la polenta en pluie. Mélangez énergiquement à l'aide d'un fouet. Poursuivez la cuisson à feu très doux en remuant fréquemment, le temps indiqué sur le paquet de polenta.

2. À la fin de la cuisson, ajoutez le mascarpone. Pendant ce temps, dans une poêle, faites revenir à feu vif les champignons en les secouant régulièrement jusqu'à ce qu'ils rendent de l'eau. Égouttez. Remettez les champignons sur feu vif avec l'huile d'olive et la persillade.

3. Servez la polenta fumante dans des assiettes et garnissez-la de champignons de Paris poêlés.

GNOCCHIS
de cosses de petits pois

Pour 4 personnes
Préparation : 30 minutes
Cuisson : 25 minutes

400 g de pommes de terre farineuses de type bintje
400 g de cosses de petits pois
1 œuf + 1 jaune
250 g de farine
+ pour le plan de travail
100 g de comté râpé
20 cl de crème liquide entière
1 cuil. à café de bicarbonate de soude
2 cuil. à soupe d'huile d'olive
1 pincée de noix de muscade râpée
Sel et poivre du moulin

1. Épluchez les pommes de terre et coupez-les en morceaux. Coupez les cosses de petits pois en deux ou trois. Faites cuire les pommes de terre 20 minutes dans l'eau bouillante salée. Ajoutez les cosses et le bicarbonate au bout de 10 minutes.

2. Égouttez, puis passez le tout au presse-purée. Ajoutez l'huile, du sel, du poivre et les œufs. Mélangez bien, puis ajoutez la farine et amalgamez de nouveau.

3. Farinez un plan de travail, prélevez des boules de pâte et roulez-les en boudin. Coupez-les en tronçons, puis plongez-les dans de l'eau bouillante salée. Retirez-les au fur et à mesure qu'ils remontent à la surface et plongez-les aussitôt dans un saladier d'eau froide.

4. Dans une casserole, faites chauffer sur feu doux la crème avec du sel, du poivre et la muscade. Ajoutez les gnocchis et laissez réchauffer 5 minutes avant de servir avec du comté râpé.

CONCHIGLIONI
aux légumes rôtis, pesto de basilic aux amandes

Pour 4 personnes
Préparation : 50 minutes
Cuisson : 55 minutes

500 g de conchiglioni
30 g de parmesan
1 aubergine
2 courgettes
3 tomates
1 poivron rouge
1 poivron vert
2 oignons
2 bouquets de basilic
1 gousse d'ail
30 g d'amandes
7 cuil. à soupe d'huile d'olive
2 cuil. à soupe de gros sel
Sel et poivre du moulin

1. Lavez et effeuillez le basilic. Pelez et dégermez l'ail. Pelez les oignons. Râpez le parmesan. Lavez et coupez tous les légumes en petits cubes de 1 cm de côté.

2. Préchauffez le four à 180 °C. Déposez les légumes sur une plaque de cuisson à petit rebord ou une lèchefrite. Arrosez de 3 cuillerées à soupe d'huile d'olive et saupoudrez de sel et de poivre. Enfournez pour 45 minutes en remuant de temps en temps. Préparez le pesto : mettez dans le bol d'un mixeur l'ail, les amandes, le parmesan et les feuilles de basilic. Mixez par à-coups tout en versant le reste d'huile en fin filet. Réservez au frais le temps de préparer les pâtes.

3. Portez à ébullition une grande casserole d'eau et ajoutez le gros sel. Versez les pâtes, remuez régulièrement et laissez cuire le temps indiqué sur le paquet. Délayez le pesto avec une petite louche d'eau de cuisson. Égouttez les pâtes et versez-les dans un plat de service.

4. Sur les pâtes égouttées, versez le pesto aux amandes et mélangez. Ajoutez les légumes, remuez à nouveau et servez aussitôt ou laissez refroidir pour servir les conchiglioni en salade froide.

SAUCE AU POIVRON
pour spaghettis

Pour 4 personnes
Préparation : 10 minutes
Cuisson : 5 minutes

Pour le jus :
4 poivrons rouges
2 carottes
1 tomate
1 branche de céleri
1 bouquet de basilic

Pour la sauce :
1 pot de Philadelphia® (150 g)
1 gousse d'ail
1 oignon
10 cl d'huile d'olive
1 cuil. à café de thym
1 cuil. à café d'origan
Sel et poivre du moulin

1. Lavez tous les légumes, épépinez les poivrons, coupez tout en morceaux et passez à la centrifugeuse. Réservez le jus.

2. Préparez la sauce. Épluchez l'ail et l'oignon, ciselez-les, puis faites-les revenir dans une poêle avec 3 cuillerées à soupe d'huile.

3. Ajoutez la pulpe de la centrifugeuse, le thym, l'origan, du sel, du poivre et faites cuire 5 minutes en remuant. Versez 10 cl de jus et mélangez.

4. Hors du feu, ajoutez la crème Philadelphia® et le reste d'huile en mélangeant vivement. Servez cette sauce sur des spaghettis avec le basilic ciselé et le jus à part, en boisson. Cette sauce accompagnera tout aussi bien du riz ou des pommes de terre vapeur par exemple.

BAGELS AUX FEUILLES DE CHOU
et chèvre frais

Pour 2 bagels
Préparation : 15 minutes
Cuisson : 7 minutes

Les feuilles de 1 chou-fleur
ou de 1 chou romanesco
2 petits pains ronds
100 g de chèvre frais
6 cerneaux de noix
1 cuil. à soupe de raisins secs
1 filet d'huile de noix
Sel et poivre du moulin

1. Lavez les feuilles du chou, blanchissez-les 2 minutes dans une casserole d'eau bouillante salée, puis plongez-les dans l'eau froide. Égouttez-les bien sur du papier absorbant.

2. Coupez-les en lanières et faites-les revenir dans une poêle avec l'huile, du sel et du poivre pendant 3 minutes.

3. Coupez les pains en deux dans l'épaisseur. Passez-les 2 minutes sous le gril.

4. Tartinez l'intérieur des pains de chèvre frais et garnissez-les de feuilles de chou, de quelques raisins secs, des cerneaux de noix concassés et dégustez aussitôt.

POUR LES TRÈS PRESSÉS

RAVIOLIS SAUCE
aux pistaches

Pour 4 personnes
Préparation : 35 minutes
Réfrigération :
30 minutes
Cuisson : 1 minute

5 grandes feuilles de basilic
1 gousse d'ail pelée et dégermée
200 g de ricotta de bufflonne ou de vache
15 g de parmesan fraîchement râpé
20 g de pistaches émondées et hachées
7 cuil. à soupe d'huile d'olive vierge extra
Sel et poivre du moulin

Pour la pâte :
2 œufs à température ambiante
200 g de farine type 6
1 cuil. à soupe d'huile d'olive
1 pincée de sel

1. Préparez la farce : passez au mixeur les pistaches, le basilic, l'ail, du sel, du poivre et 4 cuillerées à soupe d'huile d'olive. Incorporez la ricotta, mélangez et réservez.

2. Préparez la pâte. Versez la farine sur un plan de travail. Creusez un puits et cassez-y les œufs. Ajoutez le sel et l'huile, mélangez avec une fourchette. Incorporez petit à petit la farine en travaillant la pâte du bout des doigts. Ramassez la pâte à l'aide d'une spatule, puis travaillez-la sur le plan de travail pendant 15 minutes. Effectuez quatre ou cinq fois un mouvement d'arrière en avant avec la paume de la main, déplacez le pâton d'un quart de tour et recommencez l'opération. Lorsque la pâte est lisse et homogène, formez une boule et couvrez-la de film étirable. Faites-la reposer 30 minutes au réfrigérateur dans le bac à légumes.

3. Tirez la pâte au laminoir et confectionnez les raviolis en leur donnant une forme de demi-lune.

4. Dans une grande casserole d'eau bouillante salée, faites cuire les raviolis à petits frémissements pendant 1 minute à partir de la reprise de l'ébullition.

5. Égouttez avec une écumoire et disposez-les sur les assiettes. Répartissez l'huile restante, le parmesan et servez aussitôt.

GNOCCHIS DE VITELOTTES
au coco

Pour 4 personnes
Préparation : 45 minutes
Cuisson : 25-30 minutes

1 œuf
10 cl de crème fraîche
600 g pommes de terre vitelottes
10 cl de crème de coco
120 g de farine + un peu pour le plan de travail
Sel et poivre du moulin

1. Lavez les vitelottes en les frottant sous l'eau froide, sans les éplucher. Faites-les cuire 20 minutes environ à l'eau bouillante légèrement salée, avec leur peau, jusqu'à ce qu'elles soient bien tendres. Égouttez-les et pelez-les. Passez-les au moulin à légumes à grille fine.

2. Incorporez l'œuf et la farine à la purée en remuant vigoureusement. Pétrissez en ajustant la quantité de farine pour obtenir une pâte qui ne colle plus aux mains. Ramassez-la en boule. Formez des boudins de 1 cm de diamètre environ. Coupez-les en tronçons de 1,5 à 2 cm. Pressez-les un à un avec le dos d'une fourchette pour marquer des lignes, puis rangez-les sur une surface légèrement farinée. Mélangez la crème entière et la crème de coco dans une petite casserole, amenez à frémissements et laissez mijoter quelques minutes pour obtenir une consistance onctueuse. Assaisonnez.

3. Plongez les gnocchis 2 ou 3 minutes dans un grand volume d'eau bouillante légèrement salée, jusqu'à ce qu'ils remontent à la surface.

4. Égouttez les gnocchis à l'aide d'une écumoire et mettez-les dans un plat chaud. Nappez-les d'un peu de sauce et servez le reste séparément.

RISOTTO AU POTIMARRON

Pour 4 à 6 personnes
Préparation : 20 minutes
Cuisson : 20-25 minutes

100 g de parmesan fraîchement râpé
50 g de beurre
400 g de potimarron
1 oignon
3 cuil. à soupe de persil plat ciselé
250 g de riz à risotto (carnaroli ou arborio)
10 cl de vin blanc sec
90 cl à 1 l de bouillon de légumes
2 cuil. à soupe d'huile d'olive
Sel et poivre du moulin

1. Épluchez et hachez finement l'oignon. Éliminez les graines du potimarron. Coupez-le en cubes de 1 cm. Faites chauffer le bouillon et maintenez-le à la limite de l'ébullition.

2. Faites fondre doucement l'oignon avec l'huile et le beurre dans une grande sauteuse, jusqu'à ce qu'il soit tendre et translucide. Versez le riz en pluie et remuez avec une cuillère en bois pour bien enrober les grains du mélange. Ajoutez le vin et continuez de remuer jusqu'à ce que le riz ait tout absorbé. Versez une louche de bouillon chaud, mélangez à nouveau et faites cuire jusqu'à ce qu'il soit à son tour entièrement absorbé. Poursuivez la cuisson 15 à 20 minutes, en remuant constamment, et en versant le bouillon chaud, louche par louche, jusqu'à complète absorption.

3. Au bout de 10 minutes, ajoutez les dés de potimarron et la moitié du persil. Remuez et poursuivez la cuisson de la même manière, jusqu'à ce que le riz soit tendre, mais encore ferme (*al dente*). Ajoutez le parmesan et une petite louche de bouillon. Rectifiez l'assaisonnement et mélangez. Retirez du feu, couvrez et laissez reposer 2 minutes.

4. Servez dans un plat creux ou des assiettes très chaudes et parsemez du reste de persil.

LASAGNES VÉGÉTARIENNES
aux aubergines grillées

Pour 6 personnes
Préparation : 40 minutes
Cuisson : 40-50 minutes

45 g de beurre
30 g de parmesan
75 cl de lait
4 aubergines moyennes (800 g)
2 gousses d'ail
1 petit oignon
3 cuil. à soupe d'huile d'olive
400 g de tomates concassées en conserve
1 cuil. à café de sucre de canne
2 cuil. à café de vinaigre de vin
60 g de farine
¼ cuil. à café de muscade en poudre
10 feuilles de lasagnes sèches
½ cuil. à café de piment d'Espelette
Sel et poivre du moulin

POUR LES TRÈS NOMBREUX ★★★

1. Lavez et coupez les aubergines en tranches fines de 5 mm, au couteau ou à la mandoline. Pelez et dégermez l'ail. Pelez l'oignon. Hachez ensemble ail et oignon. Râpez le parmesan.

2. Grillez les aubergines. Préchauffez le four à 200 °C. Sur une plaque recouverte de papier cuisson, disposez les tranches d'aubergines. À l'aide d'un pinceau, enduisez les tranches d'huile d'olive et saupoudrez-les de sel. Enfournez pour 10 à 15 minutes. Réservez.

3. Pendant ce temps, préparez la sauce tomate. Dans une casserole, chauffez 1 cuillerée à soupe d'huile, versez le hachis d'ail et d'oignon et faites revenir à feu vif 3 minutes. Ajoutez les tomates concassées avec une pincée de sel, 3 tours de moulin à poivre, le sucre et le vinaigre. Faites cuire 10 minutes à feu vif en remuant. Goûtez et rectifiez l'assaisonnement.

4. Préparez la béchamel. Dans une casserole, faites fondre le beurre. Ajoutez la farine et laissez cuire 1 minute en remuant au fouet. Versez doucement le lait en mélangeant. Poursuivez la cuisson à feu moyen jusqu'à ébullition, en remuant. Ajoutez ½ cuillerée à café de sel et la muscade.

5. Huilez le plat à gratin. Disposez une première couche de pâtes (4 feuilles) se chevauchant à peine, la sauce tomate, la moitié des tranches d'aubergines grillées, saupoudrez de piment, une couche de pâtes (6 feuilles), une fine couche de béchamel, une couche d'aubergines saupoudrée de piment, une couche de pâtes (6 feuilles), le reste de béchamel, une couche de parmesan râpé.

6. Préchauffez le four à 180 °C et enfournez le plat pour 30 à 35 minutes. Servez bien chaud.

SAUCISSES POIREAU-MIMOLETTE
et chutney d'oignons rouges

Pour 8 saucisses
Préparation : 35 minutes
Réfrigération : 30 minutes
Cuisson : 40 minutes

3 œufs
150 g de mimolette
5 cl de lait
150 g de blanc de poireau
1 bouquet de persil plat
180 g d'oignons rouges
260 g de chapelure
1 cuil. à soupe de moutarde forte
1 cuil. à soupe de thym séché
1 cuil. à café rase de cumin en poudre
15 g de sucre roux
5 cl de vinaigre balsamique
5 cuil. à soupe d'huile
Sel et poivre du moulin

1. Pelez et émincez les oignons. Faites-les revenir dans 1 cuillerée à soupe d'huile. Salez et poivrez. Quand ils sont bien moelleux, ajoutez le sucre, le vinaigre et laissez confire le chutney 20 minutes à feu doux.

2. Lavez le poireau et hachez-le finement au couteau. Faites-le revenir dans 1 cuillerée à soupe d'huile avec une pincée de sel jusqu'à ce qu'ils soit tendre. Râpez la mimolette sur une grille à gros trous. Lavez et hachez le persil.

3. Mélangez 180 g de chapelure, 2 œufs, la mimolette, 3 cuillerées à soupe de persil, le thym, la moutarde et le poireau. Salez et poivrez bien. Incorporez le lait et malaxez entre vos doigts. Divisez la farce en 8 parts, malaxez-les bien et formez 8 quenelles. Sur une planche, roulez-les délicatement de bas en haut afin de les allonger et leur donner une forme de saucisse de 12 cm sur 2,5 cm. Placez 30 minutes au frais.

4. Passez les saucisses dans 1 œuf battu salé et poivré, puis dans 80 g de chapelure mélangée au cumin. Panez-les uniformément. Faites dorer les saucisses à la poêle dans 3 cuillerées à soupe d'huile. Servez aussitôt les saucisses chaudes et croustillantes avec le chutney et accompagnez-les d'une salade de mâche ; ou garnissez-en des petits pains à hot dog, accompagnés de chutney.

SAUCISSES DE POIS CHICHES
et sauce au yaourt

Pour 12 saucisses
Préparation : 20 minutes
Trempage : 24 heures
Cuisson : 15 minutes

250 g de pois chiches secs
125 g de yaourt brassé
1 citron
80 g d'oignon
4 gousses d'ail
½ bouquet de persil plat
1 bouquet de coriandre
1 cuil. à café de cumin en poudre
1 cuil. à café de coriandre en poudre
½ cuil. à café de paprika
3 pincées de piment de Cayenne
2 cuil. à café de sésame doré
½ cuil. à café de bicarbonate de soude
1 l d'huile d'arachide
Sel et poivre du moulin

1. Laissez tremper les pois chiches 24 heures dans un grand volume d'eau froide. Égouttez-les et essuyez-les dans un linge. Ils doivent être parfaitement secs (sinon, les saucisses éclatent à la cuisson).

Pelez 3 gousses d'ail et l'oignon, et hachez-les finement au couteau. Lavez les herbes, séchez-les parfaitement et hachez-les. Mixez les pois chiches jusqu'à l'obtention d'une pâte granuleuse, qui s'amalgame quand on la presse entre les doigts. Versez dans un bol. Incorporez les épices, le sésame, le bicarbonate, l'ail, l'oignon, 2 cuillerées à soupe de persil et 3 cuillerées à soupe de coriandre. Salez généreusement et mélangez.

2. Pressez le jus du citron. Pelez et hachez 1 gousse d'ail. Mélangez le yaourt avec 2 cuillerées à soupe de jus de citron, l'ail, du sel et du poivre.

3. Chauffez l'huile dans une casserole moyenne. Avec la pâte de pois chiches, formez des saucisses de 8 ou 9 cm de long et plongez-les au fur et à mesure dans l'huile chaude par fournée de trois. Retirez-les quand elles sont dorées. Égouttez-les sur du papier absorbant. Servez les saucisses bien chaudes, avec la sauce au yaourt, accompagnées d'une salade verte ou dans un pain à hot dog.

PETITS SOUFFLÉS
de courge butternut

Pour 4 personnes
Préparation : 45 minutes
Cuisson : 25 minutes

1 courge butternut de 400 g
4 jaunes d'œufs
5 blancs d'œufs
25 cl de lait
Beurre mou pour les moules
40 g de fécule
Sel et poivre du moulin

1. Retirez l'écorce, les graines et les filaments de la courge. Coupez la chair en cubes. Faites-les cuire 10 minutes à l'eau bouillante légèrement salée, puis égouttez-les soigneusement. Passez-les au moulin à légumes à grille fine pour obtenir une purée très sèche. À l'aide d'un pinceau, graissez l'intérieur de 4 moules à soufflé, avec du beurre très ramolli. Enduisez une seconde fois les parois, de bas en haut. Réservez au réfrigérateur.

2. Battez les blancs d'œufs en neige très ferme avec une pincée de sel. Mélangez la fécule et les jaunes d'œufs dans une casserole, puis délayez lentement avec le lait, en fouettant vivement pour obtenir une crème très lisse. Faites épaissir quelques minutes à feu très doux, sans cesser de remuer avec une cuillère en bois. Mélangez bien la purée à cette crème. Rectifiez l'assaisonnement.

3. Ajoutez 2 cuillerées à soupe de blancs en neige, en remuant vivement pour alléger l'ensemble, puis incorporez très délicatement le reste, en soulevant de bas en haut pour ne pas les briser.

4. Préchauffez le four à 210 °C (th. 7). Remplissez les moules à 1 cm en dessous du bord, sans faire de coulures. Enfournez, baissez aussitôt la température à 180 °C (th. 6) et faites cuire 15 minutes environ. Apportez directement du four sur la table, avant que les soufflés ne retombent.

FALAFELS

Pour 4 personnes
Préparation : 15 minutes
Marinade : 12 heures
Cuisson : 10 minutes

500 g de pois chiches secs
1 gros oignon
4 gousses d'ail
1 botte de coriandre fraîche
1 botte de persil
1 cuil. à soupe de cumin
1 cuil. à soupe de piment doux (ou de paprika)
1 cuil. à café de coriandre moulue
1 l d'huile de friture
Sel et poivre du moulin

1. Laissez tremper toute une nuit les pois chiches dans un grand volume d'eau.

2. Le lendemain, égouttez-les et réduisez-les en purée.

3. Hachez le persil, la coriandre fraîche, l'ail et l'oignon et mélangez-les à la purée de pois chiches. Ajoutez le cumin, la coriandre moulue et le piment doux ou le paprika. Salez, poivrez et placez au réfrigérateur pendant 30 minutes environ.

4. Faites chauffer l'huile de friture dans une poêle, façonnez avec vos mains humides des boulettes de purée de pois chiches.

5. Faites frire les boulettes dans l'huile jusqu'à ce qu'elles soient légèrement dorées.

6. Égouttez-les sur du papier absorbant et dégustez bien chaud, accompagnées de crudités, en assiette ou en sandwich (pain pita de préférence), et servies avec une sauce tehina, de l'houmous ou une sauce au yaourt.

RAVIOLIS À L'ÉPOISSES
et aux poires

Pour 4 personnes
Préparation : 10 minutes
Cuisson : 21 minutes

3 poires type comice
1 échalote hachée
20 g de beurre
200 g de ricotta de bufflonne ou de vache
50 g d'époisses affiné, sans la croûte
1 cuil. à soupe d'huile d'olive vierge extra
Sel et poivre du moulin

Pour la pâte :
2 œufs à température ambiante
200 g de farine type 6
1 cuil. à soupe d'huile d'olive
1 pincée de sel

1. Préparez la pâte (reportez-vous à la recette p. 74). Préparez la farce : travaillez la ricotta et l'époisses dans un saladier.

2. Tirez la pâte au laminoir et confectionnez les raviolis avec la farce.

3. Dans une poêle, faites revenir l'échalote dans l'huile pendant quelques instants. Ajoutez 2 poires pelées, épépinées et coupées en dés avec ½ verre d'eau, puis faites cuire pendant 15 minutes environ. Passez au mixeur, salez, poivrez et réservez.

4. Faites revenir dans une poêle la troisième poire non pelée, coupée en petits dés avec le beurre pendant 5 minutes environ.

5. Dans une grande casserole d'eau bouillante salée, faites cuire les raviolis à petits frémissements pendant 1 minute à partir de la reprise de l'ébullition.

6. Égouttez avec une écumoire. Répartissez la crème de poires sur les assiettes, déposez les raviolis, puis ajoutez quelques dés de poires. Parsemez de poivre fraîchement moulu et servez aussitôt.

PIZZA BLANCHE AUX RAVIOLES
du Dauphiné

Pour 4 à 6 personnes
Préparation : 25 minutes
Repos : 1-2 heures
Cuisson : 10-15 minutes

5 cuil. à soupe de crème fraîche épaisse
75 g de comté
10 noix de Grenoble
½ cuil. à café de sucre
335 g de farine + un peu pour le plan de travail
2 cuil. à café de sel
2 cuil. à soupe d'huile de noix
250 g de ravioles du Dauphiné surgelées
17 g de levure fraîche

1. Dans un bol, délayez la levure et le sucre dans 20 cl d'eau tiède et laissez reposer 15 minutes. Râpez le comté.

2. Dans un saladier ou sur un plan de travail, disposez la farine et le sel, mélangez. Faites un puits et versez la préparation eau-levure-sucre. Pétrissez 10 minutes en ajoutant un peu d'eau si nécessaire : la pâte doit être souple. Vous pouvez réaliser le pétrissage avec une machine à pain ou un robot pâtissier muni d'un crochet. Formez une boule, déposez-la dans un grand récipient, couvrez d'un torchon. Laissez lever la pâte 1 ou 2 heures dans un endroit chaud (25 à 30 °C) à l'abri des courants d'air : elle doit doubler de volume.

3. Sur le plan de travail fariné, étalez la pâte. Nappez-la de crème fraîche, saupoudrez de comté, et répartissez les ravioles encore congelées.

4. Préchauffez le four à 240 °C chaleur statique. Enfournez pour 10 à 15 minutes ; 2 minutes avant la fin de la cuisson, parsemez la pizza de noix. À la sortie du four, arrosez d'un filet d'huile de noix. Découpez en parts et dégustez aussitôt.

PIZZA AUX LÉGUMES
et mozzarella

POUR LES ENFANTS SAGES ★★★

Pour 6 personnes
Préparation : 45 minutes
Cuisson : 40 minutes

1 boule de mozzarella de 400 g
1 poignée de roquette ou de pousses d'épinards
1 oignon rouge
1 poivron rouge + 1 poivron jaune
1 courgette
10 feuilles de basilic
2 pincées d'origan
Fleur de sel et poivre du moulin

Pour la sauce tomate :
4 gousses d'ail + 1 oignon
1 boîte de tomates au naturel (400 g)
10 feuilles de basilic
1 pincée de sucre
1 cuil. à soupe de vinaigre
Huile d'olive

Pour la pâte :
500 g de farine
25 g de levure de boulanger
1 cuil. à café de fleur de sel
1 cuil. à café de sucre de canne roux
2 cuil. à soupe d'huile d'olive
30 cl d'eau tiède

1. Préparez la pâte. Délayez la levure dans l'eau tiède, ajoutez l'huile, le sel et le sucre. Mettez la farine dans un saladier et creusez un puits au centre, puis versez-y la levure délayée, formez une boule et pétrissez-la. Farinez-la bien, remettez-la dans le saladier, couvrez ce dernier d'un linge humide et laissez gonfler la pâte pendant 1 heure.

2. Préparez la sauce tomate. Pelez l'ail et l'oignon, et faites-les revenir dans une cocotte avec un filet d'huile d'olive. Quand ils commencent à colorer, ajoutez les tomates, le basilic ciselé, le sucre et le vinaigre, et laissez frémir à découvert pendant 10 minutes en remuant. Filtrez la sauce en pressant avec une cuillère contre la passoire, puis refaites cuire pendant 10 minutes jusqu'à ce que la sauce ait la bonne consistance.

3. Allumez le four à 210 °C (th. 7). Sortez deux ou trois plaques du four et tapissez-les de papier sulfurisé. Séparez la pâte en six parts, étalez chacune d'elles en forme de disque (ou bien faites une grande pizza rectangulaire) et posez-les sur les plaques. Étalez la sauce tomate sur les fonds de pâte sans aller jusqu'au bord, puis répartissez dessus la courgette coupée en fines lanières, les poivrons et l'oignon émincés finement, la mozzarella coupée en morceaux, la roquette ou les pousses d'épinards, et les feuilles de basilic ciselées. Salez, poivrez, parsemez d'origan et ajoutez un filet d'huile d'olive. Enfournez et laissez cuire pendant 10 minutes environ (un peu plus pour une grande pizza).

FLAMICHE AU VERT
de poireaux

POUR LES GRANDS DÉBUTANTS

Pour 6 personnes
Préparation : 15 minutes
Cuisson : 55 minutes

1 pâte brisée
Le vert de 12 poireaux
3 oignons nouveaux
avec les fanes
4 œufs
50 g de beurre
20 cl de crème épaisse
20 cl de crème liquide
1 cuil. à soupe de sucre
1 pincée de noix
muscade râpée
Sel et poivre du moulin

1. Coupez finement le vert des poireaux. Faites-les cuire à l'eau bouillante salée pendant 10 minutes. Égouttez-les bien.

2. Faites-les revenir dans une poêle avec le beurre et les petits oignons ciselés. Ajoutez le sucre et faites fondre sur feu doux pendant 10 minutes.

3. Préchauffez le four à 180 °C (th. 6). Battez dans un bol les œufs avec les crèmes, la muscade, du sel et du poivre.

4. Étalez la pâte dans un moule, puis disposez la poêlée de poireaux et versez la crème. Enfournez pour 35 minutes. Servez chaud.

TARTE FINE À LA TOMATE
et moutarde à l'ancienne

Pour 6 personnes
Préparation : 15 minutes
Cuisson : 20 minutes

1 pâte brisée
3 tomates
2 boules de mozzarella di bufala
1 gousse d'ail
Quelques feuilles de basilic
4 cuil. à soupe de moutarde à l'ancienne
3 cuil. à soupe d'huile d'olive
1 cuil. à soupe de graines de fenouil
1 cuil. à café d'origan
Sel et poivre du moulin

1. Ébouillantez les tomates et pelez-les. Coupez-les en tranches et épépinez-les au-dessus d'un bol pour en récupérer le jus. Laissez-les s'égoutter dans une passoire au-dessus du bol. Égouttez la mozzarella et coupez-la en tranches.

2. Préchauffez le four à 200 °C (th. 6-7). Étalez la pâte sur une plaque allant au four recouverte de papier cuisson et piquez-la avec une fourchette.

3. Étalez la moutarde sur le fond, répartissez les tranches de tomates et de mozzarella sur la moutarde en alternant. Saupoudrez de graines de fenouil, d'origan, de sel et de poivre. Arrosez avec l'huile d'olive et enfournez pour 20 minutes. Servez dès la sortie du four avec le basilic ciselé et l'ail pressé.

GÂTEAU COURGETTE-FETA

Pour 6 personnes
Préparation : 15 minutes
Cuisson : 40 minutes

1 courgette
150 g de feta
1 yaourt de brebis
3 œufs
250 g de farine de blé
T 65 ou T 110
1 cuil. à soupe d'origan
1,5 cuil. à soupe de graines de sésame + un peu pour le décor
5 cuil. à soupe d'huile d'olive + un peu pour le moule
2 cuil. à café de poudre à lever
Sel et poivre du moulin

1. Lavez la courgette et détaillez-la en petits cubes. Sur une assiette, émiettez la feta. Dans une grande poêle ou un wok, chauffez 2 cuillerées à soupe d'huile d'olive et faites sauter les dés de courgette jusqu'à ce qu'ils soient tendres.

2. Dans un saladier (ou la cuve d'un robot pâtissier), mélangez le yaourt, les œufs et le reste d'huile. Ajoutez la farine, la poudre à lever, l'origan, le sésame, la feta émiettée, ½ cuillerée à café de sel et 6 tours de moulin à poivre. Mélangez à nouveau jusqu'à obtenir une pâte homogène.

3. Versez dans un moule à manqué préalablement huilé. Déposez sur le dessus les cubes de courgette poêlés et enfoncez-les juste un peu dans la pâte. Préchauffez le four à 180 °C. Enfournez le gâteau pour 35 minutes environ. Surveillez la fin de la cuisson en le piquant avec la lame d'un couteau : elle doit ressortir sèche.

4. Au moment de servir, saupoudrez le gâteau de graines de sésame et accompagnez-le d'une salade de roquette.

CHAUSSONS MOZZARELLA,
artichaut et tomates confites

Pour 4 personnes
Préparation : 35 minutes
Cuisson : 15 minutes

Pour la pâte :
25 cl de lait
15 g de beurre
15 g de parmesan
125 g de farine + un peu pour le plan de travail
Sel

Pour la garniture :
200 g de mozzarella
1 petite poignée de roquette
3 brins de basilic
3 morceaux de tomate confite
2 cœurs d'artichaut à l'huile
2 cuil. à soupe de chapelure blonde
2 cuil. à soupe d'huile d'olive
Sel et poivre du moulin

1. Versez le lait dans une casserole. Ajoutez le beurre et une bonne pincée de sel. Portez à ébullition, puis ajoutez le parmesan et la farine en une seule fois. Retirez du feu et travaillez le mélange vigoureusement avec une spatule en bois. Dès que la pâte est lisse et forme une boule souple, placez-la sur le plan de travail fariné. Étalez la pâte au rouleau et découpez 8 cercles à l'aide d'un emporte-pièce de 15 cm de diamètre.

2. Rincez, essorez et hachez les feuilles de roquette ainsi que le basilic effeuillé. Coupez les cœurs d'artichaut en petits morceaux. Égouttez la mozzarella, coupez-la en petits dés, puis épongez soigneusement avec du papier absorbant. Hachez les tomates confites.

3. Préchauffez le four à 180 °C (th. 6). Disposez sur chaque disque de pâte 1 cuillerée à soupe de mozzarella coupée en dés, une pincée de roquette et de basilic, ainsi que quelques petits morceaux de tomate confite et d'artichauts. Poivrez et salez très légèrement. Repliez la pâte pour former un chausson, pressez légèrement pour bien souder les bords. Rangez les chaussons dans un plat allant au four, en les espaçant.

4. Saupoudrez de chapelure, puis arrosez d'un filet d'huile. Faites dorer 10 à 15 minutes au four, puis dégustez chaud avec une salade.

CHAUSSONS CROUSTILLANTS
aubergine-feta

Pour 4 personnes
Préparation : 30 minutes
Cuisson : 20-25 minutes

8 feuilles de brick
2 petites aubergines
160 g de feta
8 morceaux de tomates séchées
2 gousses d'ail
8 feuilles de menthe
2 cuil. à soupe de graines de pavot
1 pincée de graines de cumin
1 pincée de graines de carvi
4 cuil. à soupe d'huile d'olive
Sel et poivre du moulin

1. Lavez et découpez les aubergines en tout petits dés. Pelez et hachez les gousses d'ail. Rincez la menthe et hachez-la. Faites chauffer 2 cuillerées à soupe d'huile d'olive dans une large sauteuse. Ajoutez les dés d'aubergines et l'ail haché. Salez, poivrez, assaisonnez de cumin, de carvi et de menthe. Faites réduire à feu très doux pendant 10 à 15 minutes, en remuant de temps en temps, puis laissez tiédir.

2. Hachez les tomates séchées. Découpez la feta en petits dés. Préchauffez le four à 150-180 °C (th. 5-6). Décollez les feuilles de brick de leur support papier. Recoupez légèrement les bords pour qu'ils soient bien nets et badigeonnez chaque feuille d'un peu d'huile d'olive à l'aide d'un pinceau. Superposez les feuilles de brick par deux, l'une sur l'autre. Répartissez les aubergines cuites sur chaque cercle, puis la feta et un peu de tomates séchées. Repliez les cercles pour former des chaussons. Soudez les bords avec un peu d'eau. Rangez-les sur une plaque à pâtisserie.

3. Saupoudrez de graines de pavot, puis faites cuire 10 minutes au four. Dégustez tiède, avec une salade.

HAMBURGER VÉGÉTARIEN

Pour 4 personnes
Préparation : 20 minutes
Cuisson : 25 minutes
Réfrigération :
15 minutes

4 pains à hamburger
200 g de concombre
130 g de courgette
100 g de carotte
2 gousses d'ail
1 oignon
1 citron
2 cuil. à soupe d'aneth ciselé
1 blanc d'œuf
200 g de ricotta
400 g de pois chiches
en conserve égouttés
½ cuil. à café de cannelle
en poudre
1 cuil. à café de curry doux
de Bombay
3 cuil. à soupe de vinaigre
d'alcool coloré
3 cuil. à soupe d'huile d'olive
Sel et poivre du moulin

1. Préchauffez le four à 180 °C (th. 6). Lavez le concombre, puis râpez-le. Mettez-le dans une passoire, parsemez de sel et laissez-le dégorger. Faites cuire les gousses d'ail en chemise au four pendant 10 minutes, puis épluchez-les et écrasez-les à la fourchette. Réservez.

2. Mixez les pois chiches en purée grossière. Épluchez la carotte, lavez la courgette, et râpez-les. Faites revenir l'oignon émincé dans 1 cuillerée à soupe d'huile. Ajoutez ensuite carotte, courgette et épices. Salez, poivrez et laissez cuire 5 minutes. Incorporez-les aux pois chiches, malaxez bien, puis façonnez 4 steaks. Passez-les dans le blanc d'œuf légèrement battu et réservez 15 minutes au frais.

3. Pressez le concombre entre vos mains pour bien en retirer toute l'eau. Mettez-le dans une jatte avec la ricotta, le vinaigre, 1 cuillerée à soupe d'huile, du poivre, l'aneth et l'ail. Mélangez bien, goûtez et rectifiez l'assaisonnement en sel si besoin.

4. Chauffez l'huile restante dans une poêle et faites-y revenir les steaks de pois chiches. Ouvrez les pains en deux et passez-les au grille-pain. Tartinez généreusement chaque pain de crème de concombre. Ajoutez les steaks, arrosez-les de jus de citron, coiffez des chapeaux et servez. Proposez-les avec une salade de tomates ou de concombre à l'aneth.

BURGERS POTAGERS

Pour 2 personnes
Préparation : 30 minutes
Cuisson : 35 minutes

8 cuil. à soupe de mascarpone
½ Boursin® aux herbes
1 courgette
20 haricots verts
2 carottes nouvelles
4 asperges vertes
10 cosses de petits pois
4 radis
8 tomates cerises
10 branches de coriandre
20 feuilles de basilic
1 bouquet de ciboulette
2 pains à burgers
2 cuil. à soupe de gros sel
Sel et poivre du moulin

1. Lavez les tomates cerises et conservez leurs feuilles. Lavez et parez les radis en conservant un peu de vert des tiges. Écossez les petits pois. Lavez les asperges et coupez leur pied. Équeutez et lavez les haricots verts. Épluchez et lavez les carottes, puis coupez-les en tronçons de 2 cm. Lavez et coupez la courgette en rondelles épaisses. Lavez et ciselez la ciboulette. Lavez la coriandre et le basilic.

2. Dans un bol, mélangez le mascarpone, le Boursin®, la ciboulette, du sel et du poivre.

3. Dans une casserole, faites bouillir un grand volume d'eau salée au gros sel, puis faites-y cuire les légumes séparément : 10 minutes pour les haricots verts, 8 minutes pour les asperges, 6 minutes pour les petits pois, 6 minutes également pour les carottes et 4 minutes pour la courgette. Après cuisson, plongez soigneusement les légumes dans de l'eau froide, puis égouttez-les et réservez-les dans un plat. Ils doivent rester *al dente*. Faites légèrement toaster les quatre moitiés du pain.

4. Tartinez généreusement (1 cm) chaque moitié de la crème au Boursin®. Disposez harmonieusement les légumes et décorez avec les herbes. Recouvrez du chapeau de pain et servez aussitôt.

CHAUSSONS CHÈVRE-ÉPINARDS
au pesto

Pour 4 personnes
(8 chaussons)
Préparation : 25 minutes
Cuisson : 20 minutes

250 g de pâte feuilletée (non étalée)
150 g d'épinards surgelés hachés
1 cuil. à soupe de lait
150 g de fromage de chèvre frais
2 cuil. à soupe de parmesan
1 jaune d'œuf
40 g de pignons
2 cuil. à café de pesto
1 gousse d'ail
1 cuil. à soupe d'huile d'olive
Farine pour le plan de travail
Sel et poivre du moulin

1. Pelez et hachez l'ail. Faites chauffer l'huile d'olive dans une petite casserole. Ajoutez les épinards, l'ail haché, 2 cuillerées à soupe d'eau, du sel et du poivre. Couvrez et laissez chauffer à feu doux pendant 5 à 10 minutes, en remuant de temps en temps. Laissez tiédir dans un saladier.

2. Hachez grossièrement les pignons, gardez-en quelques-uns entiers pour décorer les chaussons. Ajoutez aux épinards tièdes les pignons hachés, le pesto et le parmesan. Écrasez le fromage de chèvre à la fourchette.

3. Préchauffez le four à 150-180 °C (th. 5-6). Étalez la pâte feuilletée sur un plan de travail fariné, pas trop finement pour éviter qu'elle ne se déchire pendant la cuisson. Découpez 8 rectangles de 4 × 10 cm. Garnissez avec le mélange aux épinards, puis ajoutez le fromage de chèvre. Refermez les chaussons en soudant les bords avec un peu d'eau. Disposez-les sur une plaque à pâtisserie.

4. Badigeonnez-les de jaune d'œuf dilué dans le lait. Décorez de quelques pignons et faites cuire 15 minutes au four. Dégustez chaud.

GALETTES DE FLOCONS
de céréales, sauce au yaourt

Pour 4 personnes
Préparation : 20 minutes
Cuisson : 10 minutes

2 œufs
1 yaourt
1 gousse d'ail
2 oignons
200 g de légumes (carottes, courgettes, betteraves, panais…)
½ bouquet de ciboulette
½ citron jaune
4 cuil. à soupe d'huile d'olive
140 g de flocons de céréales
60 g de flocons de légumineuses
2 cuil. à soupe de graines (tournesol, pavot…)
1 cuil. à café de curry
1 cuil. à soupe de purée de sésame
Sel et poivre du moulin

1. Pelez et dégermez la gousse d'ail. Pelez les oignons. Hachez ensemble ail et oignon. Pelez et râpez les légumes. Rincez et ciselez la ciboulette. Pressez le citron.

2. Dans un saladier, versez les flocons de céréales et de légumineuses, les graines, le curry, 1 cuillerée à café de sel et quelques tours de moulin à poivre, 2 cuillerées à soupe d'huile d'olive, les œufs battus en omelette et 5 cl d'eau tiède. Mélangez bien et laissez gonfler quelques minutes. Pendant ce temps, préparez la sauce en mélangeant le yaourt, la purée de sésame, le jus de citron et la ciboulette ciselée. Mélangez les légumes râpés et hachés et les légumineuses. Ensuite, réalisez 16 boules que vous aplatirez entre les paumes de vos mains pour former les galettes.

3. Dans une poêle, chauffez l'huile restante et faites revenir à feu moyen les galettes, 3 ou 4 minutes sur chaque face.

4. Servez ces galettes aussitôt accompagnées de sauce au yaourt. Pour les compléter, rien de mieux qu'un petit saladier de jeunes pousses ou un bol de soupe de légumes !

CURRY DE LÉGUMES

Pour 4 personnes
Préparation : 15 minutes
Cuisson : 20 minutes

250 g de carottes
400 g de pommes de terre bintje
250 g de haricots verts
150 g de navets
½ noix de coco
10 cl de lait de coco
2 yaourts brassés
1 cuil. à soupe de ghee (ou de beurre fondu)
2 piments oiseaux
1 morceau de gingembre de 4 cm environ
2 gousses d'ail
1 cuil. à café de curcuma
1 cuil. à café de garam masala
Gros sel
Poivre du moulin

1. Pelez les carottes, les pommes de terre et les navets, détaillez-les en rondelles ou en morceaux de la taille d'une bouchée. Effilez les haricots verts.

2. Portez à ébullition une casserole emplie d'eau, ajoutez 1 cuillerée à soupe de gros sel et le curcuma. Plongez-y les légumes, laissez-les cuire 8 minutes environ (ils doivent être tendres, mais encore légèrement croquants).

3. Pendant ce temps, pelez et hachez l'ail, pelez le gingembre et détaillez-le en dés. Chauffez le ghee dans une sauteuse, ajoutez l'ail et le gingembre, faites suer 2 minutes. Épépinez et émincez les piments, puis ajoutez-les.

4. Égouttez les légumes et ajoutez-les dans la sauteuse. Faites sauter le tout sur feu assez vif, en remuant régulièrement, puis baissez le feu.

5. Décollez la pulpe de noix de coco de son écorce dure, supprimez sa peau noire, puis râpez-la avec une mandoline. Saupoudrez-en les légumes, arrosez avec le lait de coco, poivrez, remuez et portez doucement à ébullition. Laissez cuire à feu doux 5 minutes.

6. Ajoutez les yaourts, mélangez délicatement et poursuivez la cuisson sur feu doux pendant 3 minutes. Poudrez de garam masala avant de servir.

TAJINE D'AUBERGINES
à la cannelle

Pour 8 personnes
Préparation : 20 minutes
Cuisson : 35 minutes

2 œufs
8 aubergines longues
6 tomates
4 oignons doux
4 gousses d'ail
1 petit bouquet de coriandre ou de persil plat
1 cuil. à café de piment en poudre doux
1 cuil. à café de ras el-hanout
1 cuil. à soupe de cannelle
2 cuil. à soupe concentré de tomate
8 cuil. à soupe d'huile d'olive
Sel fin

1. Lavez les aubergines, essuyez-les, coupez les pédoncules et coupez-les en rondelles ; poudrez-les de sel et réservez-les dans une passoire. Lavez, ébouillantez et pelez les tomates, coupez-les en morceaux. Pelez et émincez les oignons et les gousses d'ail. Lavez, épongez et ciselez le persil ou la coriandre.

2. Faites chauffer 5 cuillerées à soupe d'huile dans une cocotte. Ajoutez les oignons et l'ail, mélangez et ajoutez le concentré de tomate, le ras el-hanout et le piment en poudre. Mélangez, puis ajoutez les tomates. Laissez mijoter pendant 15 minutes.

3. Pendant ce temps, épongez les rondelles d'aubergines et faites-les rissoler sur les deux faces dans une grande poêle avec le reste de l'huile bien chaude, pendant 10 minutes. Égouttez-les et épongez-les.

4. Ajoutez les rondelles d'aubergines dans la cocotte et mélangez délicatement. Faites mijoter à découvert pendant 10 minutes. Versez le contenu de la cocotte dans un plat à tajine. Battez les œufs dans un bol avec la cannelle et versez le tout sur le tajine. Mélangez pour bien lier et parsemez de coriandre ou de persil ciselé.

CAROTTES AU CUMIN

Pour 4 personnes
Préparation : 5 minutes
Cuisson : 20 minutes

1 botte de carottes
70 g de beurre
2 cuil. à soupe de sucre roux
Le jus et le zeste de ½ citron
1 cuil. à café de cumin
en poudre
Sel et poivre du moulin

1. Épluchez les carottes et coupez-les en rondelles. Coupez les fanes.

2. Mettez-les dans une sauteuse avec le beurre, le sucre, le cumin, du sel, du poivre, le jus et le zeste de citron. Ajoutez de l'eau à niveau, couvrez, puis faites cuire 20 minutes sur feu doux. Surveillez le niveau d'eau afin que les carottes n'attachent pas. En fin de cuisson, l'eau doit avoir presque totalement disparu.

3. Servez chaud, ou froid dans une salade.

MINI-PÂTISSONS
aux herbettes

Pour 4 personnes
Préparation : 20 minutes
Cuisson : 3 ou 4 minutes

8 à 12 mini-pâtissons
(selon la taille)
1 poignée de roquette
1 cuil. à soupe de cerfeuil ciselé
1 cuil. à soupe de ciboulette ciselée
1 échalote
4 cuil. à soupe d'huile d'olive
1 cuil. à soupe de vinaigre balsamique
1 cuil. à café de sauce soja
Sel et poivre du moulin

1. Recoupez nettement les pâtissons au départ de la tige, puis rincez-les. Triez, rincez et essorez la roquette. Séchez-la avec soin. Épluchez et hachez finement l'échalote.

2. Faites cuire les pâtissons 3 ou 4 minutes à l'eau bouillante légèrement salée, jusqu'à ce qu'ils soient juste tendres quand on les pique. Égouttez-les.

3. Mélangez le vinaigre balsamique, la sauce soja, l'échalote et l'huile d'olive dans un bol, en fouettant à la fourchette pour émulsionner l'ensemble. Salez et poivrez. Assaisonnez la roquette avec 1 cuillerée à soupe de cette vinaigrette. Mélangez les herbes ciselées au reste de la vinaigrette. Recouvrez 4 petites assiettes de roquette. Posez 2 pâtissons sur chacune, puis nappez-les de la vinaigrette aux herbes.

PANAIS RÔTIS AU MIEL
et au sésame

Pour 6 personnes
Préparation : 15 minutes
Cuisson : 45 minutes

1 kg de panais
3 cuil. à soupe de miel
1 cuil. à soupe de graines de sésame
3 cuil. à soupe d'huile d'olive
Sel

1. Épluchez les panais. Rincez-les et épongez-les. Coupez-les en deux dans la longueur. Mettez-les dans un plat creux avec l'huile d'olive et retournez-les plusieurs fois pour bien les enrober.

2. Préchauffez le four à 180 °C (th. 6). Rangez les panais sur une plaque recouverte de papier sulfurisé. Salez. Enfournez et faites cuire 40 minutes environ, jusqu'à ce qu'ils soient tendres et commencent à caraméliser.

3. À l'aide d'un pinceau, badigeonnez les panais de miel. Parsemez les graines de sésame. Remettez au four pour 5 minutes.

4. Versez dans un plat chaud avant de servir.

COUSCOUS DE LÉGUMES
à la semoule d'épeautre

Pour 8 personnes
Préparation : 25 minutes
Cuisson : 1 heure

8 carottes
4 courgettes
4 branches de céleri
4 fenouils
8 petits navets
8 petits oignons
400 g de pois chiches
en conserve
4 gousses d'ail
75 g de beurre
6 cuil. à soupe d'huile d'olive
1 cuil. à soupe de gros sel
4 cuil. à soupe de ras
el-hanout
2 cuil. à café de graines
de fenouil
4 bâtons de cannelle
750 g de semoule d'épeautre
Sel et poivre du moulin

1. Lavez les courgettes, le céleri et les fenouils. Pelez les carottes, les navets et les oignons. Taillez les carottes, les courgettes et les branches de céleri en tronçons de 5 cm. Coupez les fenouils en deux. Pelez, dégermez et écrasez du plat d'un couteau les gousses d'ail.

2. Dans une grande cocotte, versez 2 cuillerées à soupe d'huile d'olive et faites revenir les oignons, les navets et les fenouils pendant 5 minutes. Retirez-les et réservez. Renouvelez l'opération avec les tronçons de carotte, de courgette et de céleri. Remettez les légumes réservés dans la cocotte, ajoutez le ras el-hanout, les graines de fenouil et les gousses d'ail écrasées. Remuez en laissant cuire 1 minute. Ajoutez le gros sel et les bâtons de cannelle, et recouvrez de 2 litres d'eau. Portez à ébullition, puis poursuivez la cuisson à couvert pendant 45 minutes. Ajoutez les pois chiches 15 minutes avant la fin de la cuisson : les légumes doivent être fondants. Goûtez et rectifiez l'assaisonnement si nécessaire.

3. Pendant ce temps, préparez la semoule d'épeautre. Dans un faitout, portez à ébullition 75 cl d'eau additionnée de 1,5 cuillerée à café de sel et de 2 cuillerées à soupe d'huile d'olive. Ajoutez la semoule et remuez. Laissez gonfler 5 minutes à couvert. Égrenez la semoule à la fourchette avec le beurre coupé en petits morceaux.

4. Versez la semoule dans un plat chaud. Apportez directement la cocotte du feu à la table. Dans chaque assiette, servez la semoule et recouvrez de légumes fondants et de bouillon parfumé.

WOK DE TROFIE AUX BROCOLIS

Pour 4 personnes
Préparation : 15 minutes
Cuisson : 15 minutes

400 g de trofie
200 g environ de pieds de brocolis avec leurs feuilles
4 ou 5 gousses d'ail
30 g d'amandes effilées
4 ou 5 cuil. à soupe d'huile d'olive + 1 filet
1 pincée de piment de Cayenne
Sel

1. Rincez les pieds et les feuilles des brocolis. Détachez les feuilles des pieds et réservez-les. Détaillez les pieds en cubes de taille régulière, ni trop petits ni trop gros. Bien entendu, cette recette peut être réalisée avec les têtes des brocolis. Dans le wok, torréfiez quelques minutes les amandes effilées. Réservez.

2. Portez 3,5 l d'eau salée à ébullition. Quand elle bout, mettez les pâtes dans l'eau. Après 6 minutes d'ébullition, ajoutez les cubes et les feuilles de brocoli, et poursuivez la cuisson pendant 3 minutes. Les pâtes doivent être *al dente*. Égouttez pâtes et brocolis en prenant soin de conserver 3 louches environ d'eau de cuisson dans un bol. Versez un filet d'huile d'olive sur les pâtes et les légumes, mélangez et réservez.

3. Faites chauffer 4 ou 5 cuillerées à soupe d'huile d'olive dans le wok. Ajoutez ensuite le piment et les gousses d'ail écrasées (à l'aide d'un presse-ail).
L'ail ne doit surtout pas colorer. Versez immédiatement les pâtes et les brocolis dans le wok et poursuivez leur cuisson à feu vif pendant 2 minutes, en ajoutant l'eau de cuisson réservée à cet effet. Mélangez régulièrement. Goûtez et rectifiez l'assaisonnement (au besoin, ajoutez de l'ail). Incorporez les amandes grillées et servez aussitôt.

LÉGUMES SAUTÉS

Pour 4 personnes
Préparation : 20 minutes
Cuisson : 6 minutes

600 g d'un mélange de légumes au choix (brocoli, chou-fleur, chou chinois, aubergine, jeunes épis de maïs, asperges, haricots serpents ou haricots verts, petites carottes, poivrons rouges ou jaunes…)
1 ou 2 petits piments (selon le goût)
4 gousses d'ail
3 échalotes rouges
2 cuil. à soupe de sauce d'huître
2 cuil. à soupe de sauce soja
1 cuil. à soupe de sauce de poisson
1 cuil. à café de sucre en poudre
2 cuil. à soupe d'huile de tournesol
3 cuil. à soupe de bouillon de légumes
1 cuil. à soupe de coriandre ciselée

1. Lavez et préparez les légumes. Selon les cas, laissez-les entiers ou détaillez-les en petits bâtonnets, en lanières ou en très petits bouquets.

2. Épluchez et hachez finement l'ail et les échalotes. Lavez, épépinez et émincez très finement les piments.

3. Faites chauffer l'huile à feu vif dans un wok. Quand elle commence à fumer, jetez-y l'ail, les échalotes et les piments ; faites-les frire 1 minute, sans cesser de remuer.

4. Ajoutez les légumes et poursuivez la cuisson pendant 4 à 5 minutes, en secouant fréquemment le wok, jusqu'à ce qu'ils soient juste tendres.

5. Dans un bol, mélangez la sauce d'huître, la sauce soja, la sauce de poisson et le bouillon.

6. Baissez le feu, versez le contenu du bol sur les légumes, ajoutez le sucre et laissez cuire encore 1 ou 2 minutes à feu vif.

7. Retirez du feu, transvasez dans un plat chaud. Parsemez la coriandre avant de servir.

POÊLÉE DE CHOU-FLEUR
aux épices

SPÉCIAL SAVEURS RELEVÉES ★★★

Pour 4 personnes
Préparation : 15 minutes
Cuisson : 12 minutes

1 chou-fleur
3 gousses d'ail
1 morceau de gingembre de 5 cm environ
1 cuil. à soupe de ghee (ou de beurre fondu)
1 cuil. à café de graines de cumin (ou ½ cuil. à café de cumin en poudre)
1 cuil. à café de graines de coriandre (ou ½ cuil. à café de coriandre moulue)
1 cuil. à café de baies roses
1 cuil. à soupe de curcuma
1 cuil. à café de garam masala
Gros sel et poivre du moulin

1. Détaillez le chou-fleur en fleurettes. Portez à ébullition une grande casserole d'eau salée, plongez-y les fleurettes de chou-fleur et laissez-les cuire 7 à 8 minutes : elles doivent être cuites, mais encore fermes sous la dent.

2. Pendant ce temps, pelez et hachez les gousses d'ail, pelez le gingembre et coupez-le en dés. Mettez ail et gingembre dans un mortier, écrasez-les au pilon (vous pouvez aussi utiliser un mixeur).

3. Égouttez le chou-fleur. Faites chauffer le ghee dans une sauteuse. Ajoutez les graines de coriandre et de cumin, remuez 30 secondes sur le feu. Ajoutez la pâte d'ail et de gingembre, mélangez sur le feu, puis ajoutez les fleurettes de chou-fleur, les baies roses et le curcuma. Poivrez. Mélangez délicatement pour ne pas abîmer le chou-fleur. Baissez le feu au minimum, couvrez et laissez mijoter 3 minutes.

4. En fin de cuisson, saupoudrez de garam masala.

WOK « GREEN »

Pour 4 personnes
Préparation : 20 minutes
Cuisson : 20 minutes

300 g de petits pois
dans leurs cosses
200 g de haricots verts
150 g de pois gourmands
250 g de brocolis en branches
1 botte de cébettes
¼ l de bouillon de légumes
2 cuil. à soupe d'huile d'olive
Sel et poivre du moulin

1. Écossez les petits pois, équeutez les haricots verts et les pois gourmands, coupez les têtes des brocolis en petites fleurettes, et les queues en tronçons. Coupez les haricots verts en trois. Rincez les légumes. Nettoyez les cébettes, coupez leurs extrémités et taillez-les en lanières dans le sens de la longueur.

2. Faites cuire 2 minutes les petits pois à l'anglaise puis, selon la même méthode, les haricots verts.

3. Faites chauffer l'huile dans le wok. Mettez à cuire à feu vif pendant 3 minutes les haricots, en remuant régulièrement. Ajoutez les lanières de cébettes, les pois gourmands et les brocolis. Poursuivez la cuisson 1 minute, puis versez le bouillon de légumes dans le wok. Laissez cuire à feu vif encore une dizaine de minutes. Ajoutez les petits pois en fin de cuisson, poivrez et salez.

TOFU LAQUÉ,
écrasée de pommes de terre à la ciboulette

Pour 4 personnes
Préparation : 15 minutes
Repos :
30 minutes-1 heure
Cuisson : 33 minutes

4 gousses d'ail
1 kg de pommes de terre à chair farineuse
1 bouquet de ciboulette
3 cuil. à soupe d'huile d'olive
10 cl de vinaigre balsamique
2 cuil. à soupe de miel liquide
500 g de tofu ferme nature
4 cuil. à soupe de sauce soja
3 cuil. à soupe de crème de soja
2 cuil. à soupe d'huile de sésame
Sel et poivre du moulin

1. Pelez, dégermez et hachez finement les gousses d'ail. Rincez le tofu à l'eau claire, coupez-le en 8 tranches de 1 cm d'épaisseur. Déposez les tranches dans un plat. Pelez, lavez et coupez en quatre les pommes de terre. Rincez et ciselez la ciboulette.

2. Dans un bol, préparez la marinade en mélangeant l'ail haché avec la sauce soja, 2 cuillerées à soupe d'huile d'olive, le vinaigre balsamique et le miel. Arrosez les tranches de tofu de la marinade et laissez reposer de 30 minutes à 1 heure en retournant régulièrement le tofu. Retirez les tranches de tofu et versez la marinade dans une petite casserole. Pendant ce temps, portez une grande casserole d'eau à ébullition et plongez-y les pommes de terre pour 20 minutes : la pomme de terre est cuite quand la lame d'un couteau s'enfonce facilement dans sa chair. Égouttez et écrasez les pommes de terre avec un presse-purée (ou à la fourchette), ajoutez l'huile de sésame, la crème de soja et la ciboulette. Salez et poivrez à votre convenance.

3. Faites réduire la marinade pendant 10 minutes environ : elle va épaissir. Pendant ce temps, dans une grande poêle, chauffez 1 cuillerée à soupe d'huile et faites revenir les tranches de tofu pendant 3 minutes de chaque côté en les arrosant d'un peu de sauce.

4. Servez le tofu laqué nappé du reste de sauce et accompagné de l'écrasée de pommes de terre à la ciboulette. Les plus joueurs feront un puits dans la purée pour y verser un peu de sauce.

ŒUFS POCHÉS
sur chili sin carne

Pour 6 personnes
Préparation : 20 minutes
Cuisson : 55 minutes

6 œufs bio ou de plein air
800 g de haricots rouges en conserve
800 g de tomates concassées en conserve
2 poivrons rouges
1 poivron vert
2 oignons
4 gousses d'ail
3 cuil. à soupe d'huile d'olive
½ cuil. à café de piment d'Espelette
2 cuil. à café de cumin en poudre
2 cuil. à soupe d'origan
2 cuil. à café de sucre de canne blond
10 g de chocolat noir pâtissier
Sel et poivre du moulin

1. Lavez, épépinez les poivrons et taillez-les en fines lanières, puis en cubes. Pelez les oignons. Pelez et dégermez l'ail. Hachez ensemble l'ail et les oignons. Égouttez les haricots rouges et rincez-les à l'eau froide.

2. Dans une cocotte, faites chauffer l'huile d'olive. Faites revenir le hachis d'ail et d'oignon à feu moyen pendant 3 minutes. Ajoutez les cubes de poivrons et poursuivez la cuisson 10 minutes en remuant régulièrement. Versez les tomates concassées et leur jus, ajoutez les épices, l'origan, le sucre et 1 cuillerée à café de sel. Cuisez à couvert et à feu doux pendant 20 minutes. Enfin, ajoutez les haricots rouges et le chocolat, mélangez et poursuivez la cuisson 15 minutes de plus, toujours à couvert. Goûtez et rectifiez l'assaisonnement. Cassez les œufs sur le chili, couvrez et faites cuire 6 à 8 minutes, le temps que les blancs soient pris.

3. Apportez la cocotte sur la table et servez aussitôt.

BOULETTES DE SARRASIN,
coleslaw à la purée d'amande

Pour 5 personnes
Préparation : 25 minutes
Cuisson : 10 minutes

75 g de comté ou d'emmental
150 g de flocons de sarrasin
75 g de farine de sarrasin
½ chou blanc
2 pommes bio
2 cuil. à café de moutarde
3 cuil. à soupe de vinaigre de cidre
3 cuil. à soupe d'huile d'olive
4 cuil. à soupe de purée d'amandes blanches
2 cuil. à soupe de yaourt de soja (facultatif)
Sel et poivre du moulin

1. Lavez le chou et retirez les premières feuilles si elles sont abîmées. Coupez-le en deux, retirez le trognon et détaillez-le en très fines lanières, au couteau ou à la mandoline. Lavez les pommes et taillez-les en fines lamelles, puis en bâtonnets. Réservez les crudités dans un saladier. Râpez le fromage.

2. Dans un grand bol, fouettez ensemble la purée d'amandes, la moutarde, le vinaigre, le yaourt de soja avec 5 cl d'eau tiède. Salez et poivrez à votre convenance. Mélangez les crudités et la sauce, et réservez au réfrigérateur le temps de préparer les boulettes.

3. Dans un saladier, mélangez les flocons et la farine de sarrasin avec 1 grosse cuillerée à café de sel et quelques tours de moulin à poivre. Ajoutez 20 cl d'eau et mélangez jusqu'à obtenir une pâte épaisse à peine collante : si nécessaire, ajoutez un peu d'eau ou de farine. Entre les paumes des mains, formez 35 boulettes de la taille d'une petite noix.

4. Dans une poêle, chauffez l'huile, déposez les boulettes et faites-les revenir de tous les côtés à feu moyen jusqu'à ce qu'elles soient bien dorées.

5. Servez les boulettes bien chaudes accompagnées du coleslaw ou froides pour le bento de la semaine ou le pique-nique du week-end.

RIZ INDIEN AUX LÉGUMES
et aux fruits secs

Pour 6 personnes
Préparation : 30 minutes
Cuisson : 20 minutes

1 pomme de terre
2 carottes
2 poignées de haricots verts
¼ tête de brocoli
1 oignon
2 gousses d'ail
2 cm de gingembre frais
120 g de noix de cajou
et raisins secs
200 g de riz basmati
2 yaourts
20 g de beurre
1 feuille de laurier
2 cuil. à soupe d'huile d'olive
3 cuil. à soupe de garam masala
2 gousses de cardamome
1 bâton de cannelle
Sel fin

1. Pelez, rincez et coupez la pomme de terre en petits dés. Pelez et coupez les carottes en dés. Lavez, équeutez et coupez en tronçons de 2 cm les haricots verts. Détachez les fleurettes de brocoli et rincez-les. Pelez et ciselez finement l'oignon. Pelez, dégermez et hachez l'ail. Pelez et hachez le gingembre. Rincez le riz à l'eau claire. Dans une poêle chaude, torréfiez les noix de cajou quelques secondes sans cesser de remuer.

2. Dans une cocotte, versez l'huile d'olive et faites revenir l'oignon jusqu'à coloration. Ajoutez le garam masala, le gingembre et l'ail haché, puis dorez 2 minutes. Ajoutez les légumes et 1 yaourt, versez 20 cl d'eau, puis 1 cuillerée à café de sel. Mélangez et laissez mijoter à feu doux et à couvert pendant 20 minutes. Pendant ce temps, dans une casserole, chauffez à feu doux le beurre, versez le riz et remuez le temps qu'il s'enrobe de gras. Ajoutez 35 cl d'eau, les gousses de cardamome, le bâton de cannelle et la feuille de laurier, couvrez et laissez cuire 7 minutes. Laissez reposer à couvert 5 minutes.

3. Dans la cocotte de légumes, ajoutez le riz, 1 yaourt et ¾ des raisins et des noix de cajou torréfiées. Mélangez délicatement.

4. Disposez le riz aux légumes dans un plat chaud de service et décorez des fruits secs réservés. On peut aussi parsemer avec de la coriandre, de la menthe ou de la ciboulette ciselées.

BLANQUETTE
de carottes grelots

Pour 4 personnes
Préparation : 10 minutes
Cuisson : 25-30 minutes

800 g de carottes grelots
6 oignons nouveaux
15 cl de crème liquide entière
30 g de beurre
2 brins de cerfeuil
Sel et poivre du moulin

1. Grattez et lavez les carottes. Pelez les oignons nouveaux, retirez les racines et la partie vert foncé de la tige, puis coupez-les en deux verticalement. Rincez et ciselez le cerfeuil. Faites fondre le beurre dans une large sauteuse. Posez les oignons bien à plat et faites-les suer 5 minutes à feu très doux en les retournant une ou deux fois.

2. Ajoutez les carottes, versez 1 petit verre d'eau, salez et poivrez. Couvrez et faites cuire 10 minutes à feu doux. Retirez le couvercle, ajoutez la crème et poursuivez la cuisson pendant 5 à 10 minutes, jusqu'à ce que les carottes soient juste tendres. Retirez les carottes avec une écumoire et mettez-les dans un plat chaud.

3. Laissez la sauce sur le feu et faites-la épaissir quelques minutes à petite ébullition pour obtenir une consistance onctueuse. Rectifiez l'assaisonnement et versez sur les carottes. Parsemez le cerfeuil avant de servir.

CHOU CHINOIS BRAISÉ
aux champignons parfumés

Pour 4 personnes
Préparation : 15 minutes
Cuisson : 15 minutes

1 chou chinois
6 champignons parfumés séchés
20 g de vermicelles de soja
2 gousses d'ail
5 cuil. à soupe d'huile de tournesol
3 cuil. à soupe de sauce de soja
1 cuil. à soupe de sucre en poudre
Sel

1. Lavez le chou, puis coupez-le en morceaux de 2 cm. Faites tremper les champignons et les vermicelles dans 2 grands bols d'eau chaude pendant 15 minutes.

2. Coupez les pieds des champignons. Réservez. Épluchez l'ail et écrasez-le.

3. Faites chauffer l'huile dans une casserole. Ajoutez l'ail, puis les morceaux de chou. Laissez revenir pendant quelques minutes, puis versez 3 verres d'eau. Salez et assaisonnez avec la sauce de soja et le sucre.

4. Ajoutez au chou les champignons et les vermicelles. Couvrez et laissez mijoter une dizaine de minutes.

5. Arrêtez la cuisson lorsque chou et vermicelles sont bien cuits.

WOK DE PANAIS AUX PLEUROTES

Pour 6 personnes
Préparation : 25 minutes
Cuisson : 20 minutes

600 g de petits panais
400 g de pleurotes
1 échalote
1 cuil. à soupe de cerfeuil ciselé
10 cl de bouillon de légumes
30 g de beurre
Sel et poivre du moulin

1. Épluchez les panais. Rincez-les et épongez-les. Taillez-les en rondelles de 2 mm d'épaisseur. Nettoyez les pleurotes. Retirez le pied. Laissez les petits entiers et émincez les gros en lamelles épaisses. Épluchez et hachez finement l'échalote.

2. Plongez les panais 2 minutes dans une grande casserole d'eau bouillante légèrement salée. Égouttez-les. Mettez le beurre à fondre dans un wok ou une sauteuse à feu moyen. Ajoutez les pleurotes et faites-les sauter 4 ou 5 minutes, jusqu'à ce qu'ils commencent à dorer. Parsemez l'échalote. Faites cuire encore 1 minute, puis ajoutez les panais et le bouillon. Baissez le feu et laissez mijoter 10 minutes environ, jusqu'à ce que presque tout le liquide soit évaporé. Goûtez et rectifiez l'assaisonnement.

3. Versez dans un plat creux bien chaud et parsemez de cerfeuil.

PETITS NAVETS BOULE D'OR
glacés aux oignons nouveaux

Pour 4 personnes
Préparation : 15 minutes
Cuisson : 20-25 minutes

600 g de navets boule d'or (petits)
16 oignons blancs nouveaux moyens
50 g de beurre
3 cuil. à soupe de sucre en poudre
Sel

1. Supprimez les membranes extérieures et les petites racines des oignons. Coupez la tige en laissant 1 cm de vert tendre. Coupez la tige et le long poil des navets. Pelez-les et rincez-les.

2. Mettez les légumes côte à côte dans une large sauteuse. Recouvrez d'eau à hauteur, salez, puis ajoutez le sucre et le beurre. Amenez à petite ébullition, couvrez et faites cuire 10 minutes environ à très petit feu. Retirez le couvercle et laissez cuire 10 à 15 minutes, jusqu'à ce qu'il ne reste plus qu'un liquide sirupeux. Remuez régulièrement la sauteuse par le manche ou mélangez délicatement avec une cuillère en bois pour rouler les légumes dans ce sirop et les enrober uniformément.

3. Versez dans un légumier chaud et servez aussitôt.

WOK D'ORANGE,
fenouil & oignon rouge

VEGAN

Pour 4 personnes
Préparation : 15 minutes
Cuisson : 12 minutes

250 g de bulbes de fenouil
1 orange de table
½ oignon rouge
1 poignée de mélange de graines (tournesol, courge, pignons de pin…)
2 cuil. à soupe d'huile d'olive
Sel et poivre du moulin

1. Tranchez les branches fibreuses des fenouils. Conservez les sommités. Coupez les fenouils en deux, ôtez la partie dure au centre, puis recoupez chaque moitié en 4 ou 6 morceaux, selon la taille du fenouil. Émincez grossièrement les sommités et réservez-les.

2. Émincez finement l'oignon rouge. Levez les suprêmes d'orange. Faites chauffer l'huile à feu vif dans le wok et jetez-y les morceaux de fenouil. Salez et laissez cuire jusqu'à légère coloration en remuant régulièrement 5 minutes environ. Baissez le feu et poursuivez la cuisson pendant 5 minutes, jusqu'à ce que les fenouils soient tendres. Ajoutez l'oignon rouge et reprenez une cuisson à feu vif pendant 2 minutes. Poivrez et salez si nécessaire, puis ajoutez les suprêmes d'orange. Au moment de servir, ajoutez les sommités des fenouils ainsi que les graines.

TAJINE DE CAROTTES
aux oignons

Pour 6 personnes
Préparation : 15 minutes
Cuisson : 1 heure

1 kg de carottes longues
500 g d'oignons doux
1 bouquet de coriandre fraîche
1 bouquet de persil plat
2 gousses d'ail
1 cm de gingembre frais
1 citron
150 g d'olives noires
5 cuil. à soupe d'huile d'olive
2 pincées de cumin
2 pincées de piment en poudre
1 mesure de safran
Sel et poivre du moulin

1. Pelez les carottes et coupez-les en rondelles régulières pas trop fines. Pelez et émincez les oignons. Lavez la coriandre et le persil. Ciselez grossièrement les feuilles et mélangez-les. Pelez et hachez l'ail. Pelez et hachez le gingembre. Dénoyautez les olives.

2. Versez les rondelles de carottes dans un plat à tajine ou un grand poêlon en terre en les mélangeant avec les oignons. Recouvrez-les de persil et de coriandre. Versez l'huile d'olive, puis ajoutez le gingembre, l'ail, le cumin, le piment et le safran, salez et poivrez. Remuez délicatement, puis posez le couvercle et faites cuire sur feu très doux pendant 1 heure, en intercalant un diffuseur de chaleur.

3. Lorsque le contenu du tajine est cuit et les carottes bien fondantes, ajoutez les olives noires dénoyautées et arrosez de jus de citron. Mélangez délicatement et servez aussitôt.

TAJINE DE TOMATES
aux poivrons et piments

Pour 8 personnes
Préparation : 15 minutes
Cuisson : 30 minutes

8 poivrons rouges
8 tomates
6 piments verts doux
4 gousses d'ail
4 cuil. à soupe d'huile d'olive
1 cuil. à café de piment rouge en poudre
2 cuil. à soupe de cumin ou fenouil en graines
Sel et poivre du moulin

1. Lavez les tomates, les poivrons et les piments doux. Ébouillantez, pelez et épépinez les tomates, coupez-les en quartiers. Ouvrez en deux les poivrons et les piments, retirez les graines et le pédoncule. Coupez-les en morceaux. Pelez et émincez les gousses d'ail.

2. Mêlez l'huile et le piment en poudre. Faites chauffer ce mélange dans une cocotte. Ajoutez l'ail et faites-le revenir sans le laisser roussir. Ajoutez ensuite les tomates, les poivrons et les piments. Salez et poivrez. Mélangez et faites revenir à couvert pendant 10 minutes sur feu doux. Retirez le couvercle et poursuivez la cuisson à découvert, toujours sur feu doux, pendant 15 minutes environ, pour faire réduire le jus rendu par les légumes.

3. Versez le contenu de la cocotte dans un plat à tajine, goûtez et rectifiez l'assaisonnement. Parsemez le dessus de cumin ou de graines de fenouil et posez le couvercle conique. Attendez quelques minutes avant de servir pour que les arômes se mélangent.

TAJINE DE POMMES DE TERRE
à l'ail

Pour 6 personnes
Préparation : 15 minutes
Cuisson : 30 minutes

1 kg de pommes de terre (variété à chair ferme)
5 belles gousses d'ail
2 oignons
1 bouquet de coriandre fraîche
1 cuil. à soupe d'huile d'olive
1 cuil. à café de curcuma
1 cuil. à café de harissa
Sel et poivre du moulin

1. Pelez les pommes de terre, lavez-les et coupez-les en cubes pas trop petits. Pelez les oignons et émincez-les finement. Pelez les gousses d'ail et écrasez-les une par une avec le plat d'un couteau à large lame. Lavez et épongez la coriandre, coupez les queues.

2. Versez l'huile dans une cocotte ou un poêlon, faites-la chauffer et ajoutez les oignons. Faites-les revenir sans trop colorer pendant 5 minutes en remuant. Ajoutez les pommes de terre, l'ail et le curcuma. Salez, poivrez et couvrez. Portez lentement à ébullition, puis baissez le feu et couvrez. Intercalez un diffuseur de chaleur si vous utilisez un ustensile de cuisson en terre. Ajoutez la harissa et la coriandre. Versez 1 grand verre d'eau et laissez mijoter pendant 20 à 25 minutes. Servez très chaud.

CURRY DE POIS CHICHES

Pour 4 personnes
Préparation : 25 minutes
Marinade : 12 heures
Cuisson : 1 h 30

250 g de pois chiches
1 citron vert
3 oignons
4 gousses d'ail
1 morceau de gingembre de 5 cm environ
1 piment oiseau
2 cuil. à soupe de ghee (ou de beurre fondu)
3 cuil. à soupe de fromage blanc
1 cuil. à café de graines de cumin (ou ½ cuil. à café de cumin en poudre)
1 cuil. à café de graines de coriandre (ou ½ cuil. à café de coriandre moulue)
2 cuil. à soupe de garam masala
3 brins de coriandre fraîche
3 feuilles de laurier
3 clous de girofle
Sel et poivre du moulin

1. Faites tremper les pois chiches dans une jatte d'eau tiède pendant 12 heures.

2. Égouttez les pois chiches, puis déposez-les dans un faitout. Couvrez de 2 litres d'eau. Ajoutez 1 oignon pelé et piqué des clous de girofle et les feuilles de laurier. Portez lentement à ébullition, écumez la mousse qui se forme. Baissez le feu, couvrez et laissez mijoter 1 h 30 environ.

3. Pendant ce temps, pelez et hachez les gousses d'ail, pelez le gingembre et détaillez-le en dés, épépinez et émincez le piment oiseau. Mettez tous ces ingrédients dans un mortier, ajoutez les graines de cumin et de coriandre, et écrasez le tout avec un pilon pour obtenir une pâte (vous pouvez aussi utiliser un mixeur).

4. Pelez les oignons restants, puis coupez-les en deux. Émincez-les en demi-rondelles. Séparez les anneaux avec les doigts. Faites chauffer le ghee dans un faitout, ajoutez les rondelles d'oignons, faites suer sur feu assez vif pendant 4 minutes. Ajoutez la pâte d'épices, mélangez sur le feu 30 secondes.

5. Pressez le citron vert et incorporez son jus à la préparation. Délayez le tout avec le fromage blanc, salez et poivrez. Baissez le feu au minimum.

6. Égouttez les pois chiches (réservez le jus de cuisson). Versez 60 cl de leur jus de cuisson dans le faitout, ajoutez les pois chiches et 1 cuillerée à soupe de garam masala. Mélangez délicatement et laissez cuire tranquillement 20 minutes. En fin de cuisson, rectifiez l'assaisonnement, parsemez de coriandre ciselée et saupoudrez le reste de garam masala.

TAJINE DE LENTILLES
aux courgettes

Pour 6 personnes
Préparation : 15 minutes
Cuisson : 40 minutes

500 g de lentilles vertes
500 g de courgettes
2 oignons
1 petit bouquet de persil plat
5 cuil. à soupe d'huile d'olive
1 cuil. à café de curcuma
1 cuil. à café de graines de fenouil
Sel et poivre du moulin

1. Rincez les lentilles à l'eau claire et réservez-les. Lavez les courgettes, essuyez-les et coupez-les en fines rondelles. Pelez et émincez les oignons. Pilez les graines de fenouil. Lavez, épongez et ciselez le persil.

2. Versez l'huile dans une cocotte, faites chauffer et ajoutez les oignons. Faites-les revenir pendant 3 minutes, puis incorporez les courgettes. Remuez pendant 5 minutes. Mettez enfin les lentilles, puis couvrez d'eau juste à hauteur. Salez et poivrez. Ajoutez le fenouil et le curcuma. Couvrez et laissez mijoter pendant 25 minutes environ.

3. Lorsque les lentilles sont pratiquement cuites, ajoutez le persil ciselé et remettez le couvercle pendant 5 minutes hors du feu. Servez par exemple avec un gigot d'agneau ou des côtelettes d'agneau grillées.

CRUMBLE DE POTIMARRON
aux noisettes

Pour 4 personnes
Préparation : 15 minutes
Cuisson : 45 minutes

700 g de chair de potimarron crue
15 cl de crème liquide
1 pincée de noix muscade
Beurre pour le plat
Sel et poivre du moulin

Pour le crumble :
80 g de noisettes
100 g de farine
80 g de beurre ramolli
2 cuil. à soupe de cassonade
1 pincée de sel

1. Coupez la chair du potimarron en tranches épaisses ou en gros cubes et faites-la cuire 10 minutes à la vapeur, en salant légèrement : elle doit être encore ferme. Écrasez-en la moitié sommairement à la fourchette.

2. Faites légèrement dorer les noisettes, à sec, et broyez-les très grossièrement au pilon ou au robot électrique.

3. Préchauffez le four à 180 °C (th. 6) et beurrez largement un plat à gratin. Étalez la purée de potimarron dans le fond et disposez le reste des morceaux dessus. Salez et poivrez légèrement la crème, ajoutez la noix muscade puis versez le mélange sur le potimarron.

4. Préparez les miettes du crumble : réunissez la farine, la cassonade, le sel et le beurre coupé en petits morceaux dans une jatte et malaxez du bout des doigts jusqu'à l'obtention d'une consistance granuleuse. Ajoutez les noisettes et mélangez à nouveau.

5. Étalez la pâte à la surface du plat, enfournez et faites cuire 25 minutes environ, jusqu'à ce que la surface soit bien dorée.

CRUMBLE DE LÉGUMES
nouveaux au curry léger

Pour 4 personnes
Préparation : 10 minutes
Cuisson : 40 minutes

150 g de petits pois
150 g de carottes nouvelles
150 g de haricots verts
(ou de mange-tout)
150 g de très petits bouquets
de chou-fleur
1 petite botte d'oignons
nouveaux
30 cl de crème liquide
1 cuil. à café de curry
Beurre pour le plat
Sel et poivre du moulin

Pour le crumble :
60 g de farine
80 g de chapelure
80 g de beurre demi-sel
ramolli
1 cuil. à café de curry

1. Épluchez et lavez les légumes. Coupez les carottes en bâtonnets. Conservez une partie de la tige verte des petits oignons. Faites-les cuire séparément, de préférence à la vapeur, ou à l'eau bouillante salée, en les conservant un peu fermes. Égouttez-les sur du papier absorbant.

2. Préchauffez le four à 180 °C (th. 6) et beurrez un plat à gratin. Étalez les légumes en les mélangeant.

3. Versez la crème dans une petite casserole, salez et poivrez légèrement puis ajoutez le curry et amenez à petite ébullition. Laissez mijoter quelques minutes pour que la crème épaississe. Versez-la sur les légumes.

4. Préparez la pâte du crumble : mélangez la farine, la chapelure et le curry dans une jatte puis incorporez le beurre fractionné en petits morceaux, en malaxant les ingrédients du bout des doigts pour obtenir une consistance granuleuse.

5. Répartissez les miettes de pâte sur les légumes, enfournez et faites cuire 20 à 25 minutes, jusqu'à ce que la surface soit bien dorée. Laissez reposer 5 minutes à la sortie du four et servez dans le plat de cuisson.

COURGE BUTTERNUT
en lasagne

Pour 4 personnes
Préparation : 30 minutes
Cuisson : 25-30 minutes

1 courge butternut
(800 g environ)
200 g de mozzarella
50 g de parmesan râpé
1 cuil. à café d'origan séché
2 cuil. à soupe d'huile d'olive
Sel

1. Préchauffez le four à 210 °C (th. 7). Lavez et essuyez la courge. Coupez 8 rondelles de 5 mm environ d'épaisseur dans la partie supérieure sans graines et retirez la peau. Étalez-les sur une plaque recouverte de papier cuisson et enduisez-les d'huile d'olive au pinceau. Salez légèrement et faites cuire 15 à 20 minutes, jusqu'à ce qu'elles commencent juste à dorer. Coupez la mozzarella en lamelles de 4 ou 5 mm d'épaisseur.

2. Baissez la température du four à 180 °C (th. 6). Posez 4 rondelles de butternut dans un plat à gratin juste assez grand. Recouvrez de mozzarella, puis d'un peu de parmesan. Répétez l'opération pour obtenir 2 couches de chaque, en terminant par du parmesan. Parsemez l'origan au fur et à mesure et salez légèrement la mozzarella.

3. Enfournez et faites cuire 10 minutes environ, jusqu'à ce que les fromages soient bien fondus. Servez directement dans le plat de cuisson ou transférez délicatement dans un plat chaud.

TIAN DE CARDONS
au gorgonzola

Pour 4 personnes
Préparation : 30 minutes
Cuisson :
45 minutes-1 heure

1 pied de cardon
20 cl de crème liquide
100 g de gorgonzola
30 g de parmesan râpé
Beurre pour le plat
1 citron
Sel et poivre du moulin

1. Retirez toutes les tiges et les feuilles dures extérieures du pied de cardon. Choisissez et conservez les tiges blanches du cœur. Coupez la base et retirez les feuilles. Recoupez les tiges en tronçons de 6 cm, en les effilant en même temps. Plongez-les au fur et à mesure dans un grand bol d'eau froide additionnée du jus de citron. Égouttez-les au moment de les cuire.

2. Faites cuire les tronçons de cardon 30 à 40 minutes à l'eau bouillante légèrement salée ou jusqu'à ce qu'ils soient tendres sans se défaire. Égouttez-les. Préchauffez le four à 180 °C (th. 6). Beurrez un plat à gratin.

3. Chauffez doucement la crème dans une casserole. Quand elle commence à frémir, incorporez le gorgonzola par petits morceaux, en remuant avec une cuillère en bois pour qu'il fonde au fur et à mesure. Donnez quelques tours de moulin à poivre. Étalez la moitié des cardons dans le plat, puis nappez-les de la moitié de la crème au gorgonzola. Répétez l'opération et parsemez de parmesan. Enfournez et laissez gratiner 10 à 15 minutes pour que la surface soit bien dorée. Servez dans le plat de cuisson.

CRUMBLE AU FENOUIL

Pour 4 personnes
Préparation : 20 minutes
Cuisson : 30 minutes

Les feuilles externes
de 4 fenouils
100 g de gorgonzola
100 g de farine
150 g de beurre + un peu
pour le plat
40 g de poudre d'amande
1 oignon
1 gousse d'ail
1 petit bouquet de persil
1 cuil. à soupe de sucre
Sel et poivre du moulin

1. Coupez les feuilles externes des fenouils en lanières. Faites-les cuire 5 minutes à la vapeur. Épluchez et hachez l'oignon.

2. Faites fondre 40 g de beurre dans une poêle, faites-y revenir les lanières de fenouil et l'oignon avec le sucre pendant 5 minutes.

3. Mixez l'ail et le persil. Préchauffez le four à 180 °C (th. 6).

4. Mélangez du bout des doigts la farine, la poudre d'amande, du sel, du poivre et le reste de beurre mou jusqu'à obtention de miettes grossières.

5. Disposez le fenouil dans un plat à gratin beurré, répartissez le gorgonzola, saupoudrez de persillade, puis de miettes de crumble. Enfournez pour 25 minutes.

GRATIN DE CÉLERI-RAVE
et crumble de céréales

Pour 6 personnes
Préparation : 25 minutes
Cuisson : 40 minutes

500 g de céleri-rave
500 g de pommes de terre
20 cl de crème de soja
½ cuil. à café de sel
8 tours de poivre du moulin

Pour le crumble :
125 g de farine 5 céréales
ou farine de blé T 80
75 g de flocons 5 céréales
50 g de noisettes
100 g de parmesan
125 g de beurre

1. Pelez et râpez à la grosse grille le céleri-rave et les pommes de terre. Concassez les noisettes. Coupez le beurre en petits morceaux. Râpez le parmesan.

2. Faites cuire 10 minutes à la vapeur les légumes râpés. Pendant ce temps, préparez le crumble. Dans un récipient, versez la farine, les flocons de céréales, les noisettes concassées et le parmesan râpé. Ajoutez le beurre et malaxez du bout des doigts jusqu'à obtenir une pâte sablonneuse, au besoin ajoutez 1 ou 2 cuillerées à soupe d'eau.

3. Préchauffez le four à 180 °C. Dans un saladier, versez les légumes cuits, la crème de soja, salez et poivrez. Mélangez. Versez la préparation dans un moule à gratin et recouvrez de la pâte à crumble.

4. Enfournez le gratin pour 30 minutes. Servez dès la sortie du four dans le plat de cuisson.

CRUMBLE D'ARTICHAUT,
olives et tomates confites

Pour 4 personnes
Préparation : 30 minutes
Cuisson : 2 h 45

500 g de fonds d'artichaut surgelés
300 g de tomates
80 g d'olives noires dénoyautées
1 cuil. à soupe de feuilles de basilic ciselées
1 cuil. à café de concentré de tomate
Huile d'olive
Sel et poivre du moulin

Pour le crumble :
100 g de chapelure
50 g de farine
50 g de beurre ramolli
2 cuil. à soupe d'huile d'olive
1 grosse pincée de sel

1. La veille, préchauffez le four à 120 °C (th. 4). Plongez les tomates 20 secondes dans l'eau bouillante, pelez-les puis coupez-les en quatre et retirez les graines. Rangez-les sur une plaque enduite d'huile d'olive, salez légèrement et glissez-les dans le four. Faites-les confire doucement pendant 2 heures.

2. Le lendemain, coupez les fonds d'artichaut en lamelles épaisses. Mettez-les dans une casserole avec 2 cuillerées à soupe d'huile d'olive et le concentré de tomate, salez et poivrez, puis ajoutez 30 cl d'eau, couvrez et faites cuire une dizaine de minutes, jusqu'à ce qu'ils soient tendres mais fermes. Égouttez-les.

3. Préchauffez le four à 180 °C (th. 6) et huilez un plat à gratin. Disposez les artichauts et les tomates dans le fond, en les intercalant, puis répartissez les olives. Parsemez le basilic et arrosez de 1 ou 2 cuillerées d'huile d'olive.

4. Préparez la pâte du crumble : mettez le beurre coupé en petits morceaux, la chapelure, la farine, le sel et l'huile dans une jatte et mélangez du bout des doigts jusqu'à l'obtention d'une consistance granuleuse. Recouvrez-en les légumes et faites cuire 25 minutes environ.

5. Laissez reposer 5 minutes à la sortie du four avant de servir.

PÂTISSONS FARCIS
à l'italienne

Pour 4 personnes
Préparation : 40 minutes
Cuisson : 30-35 minutes

4 pâtissons (petits, de taille identique et de forme régulière)
150 g de ricotta
30 g de parmesan râpé
500 g d'épinards
1 oignon
30 g de pignons
1 cuil. à soupe d'huile d'olive + un peu pour le plat
Sel et poivre du moulin

1. Coupez un couvercle dans la partie supérieure des pâtissons et retirez toutes les graines à la cuillère. Creusez-les ensuite avec une cuillère tranchante, sans percer la peau, et récupérez la chair. Hachez-la. Épluchez et hachez l'oignon. Triez, lavez et essorez les épinards. Hachez-les au couteau. Dans une poêle, faites légèrement griller les pignons à sec.

2. Faites fondre l'oignon 5 minutes à feu moyen dans une poêle avec l'huile d'olive. Ajoutez les épinards, laissez-les s'affaisser, puis incorporez la chair des pâtissons. Faites cuire 5 minutes à feu doux, en remuant de temps en temps. Versez le contenu de la poêle dans un saladier. Ajoutez la ricotta, le parmesan et les pignons. Salez, poivrez et mélangez bien. Remplissez les pâtissons de farce en faisant un petit dôme et remettez les couvercles.

3. Préchauffez le four à 160 °C (th. 5-6). Huilez légèrement un plat à gratin. Rangez les pâtissons dans le plat et versez 1 cm d'eau. Faites cuire 20 à 25 minutes. Servez à la sortie du four dans le plat de cuisson.

TOMATES À LA PROVENÇALE

Pour 4 personnes
Préparation : 20 minutes
Cuisson : 20 minutes

8 tomates moyennes, bien mûres et fermes
2 petites gousses d'ail
1 bouquet de persil plat
Huile d'olive
Sel

Pour le crumble :
200 g de chapelure
3 cuil. à soupe d'huile d'olive
Poivre du moulin

1. Rincez et séchez les tomates, coupez-les en deux horizontalement et retirez les graines à l'aide d'une petite cuillère. Salez légèrement l'intérieur et retournez-les sur une grille. Laissez-les dégorger une dizaine de minutes.

2. Versez l'huile d'olive du crumble dans une coupelle et placez-la une dizaine de minutes au congélateur pour qu'elle fige.

3. Préchauffez le four à 180 °C (th. 6) et huilez légèrement un plat à gratin. Rangez-y les tomates en les posant sur la partie bombée.

4. Pelez les gousses d'ail. Retirez les grosses tiges du persil et ciselez finement les feuilles. Réunissez-les, puis répartissez le mélange dans les tomates.

5. Mettez la chapelure dans une jatte, ajoutez l'huile d'olive figée et mélangez du bout des doigts. Recouvrez les tomates de ces miettes et donnez quelques tours de moulin à poivre. Enfournez et faites cuire 20 minutes. Laissez reposer 5 minutes à la sortie du four avant de servir.

FRUITS ROUGES EN GELÉE
au jus de fruits à la menthe

Pour 6 personnes
Préparation : 20 minutes
Cuisson : 5 minutes
Réfrigération : 8 h 30

50 g de groseilles égrappées
300 g de framboises fraîches
200 g de petites fraises
220 g de baies de cassis
1 petit bouquet de menthe fraîche
75 cl de jus de fruits rouges
1 cuil. à café rase d'agar-agar
1 cuil. à soupe de vinaigre balsamique
4 cuil. à soupe de sucre en poudre

1. Dans une casserole, faites dissoudre l'agar-agar dans 1 cuillerée de jus de fruits, mélangez bien. Versez les 15 cl de jus de fruits dans la casserole. Portez à ébullition en remuant puis retirez du feu. Ajoutez ensuite le vinaigre, le sucre en poudre et le reste de jus de fruits. Versez ce mélange dans un saladier en verre. Mettez le tout au réfrigérateur pour 30 minutes.

2. Disposez les fruits dans un moule à cake en alternant les couches (en réservant 6 cuillerées à soupe de framboises). Répartissez quelques feuilles de menthe à la surface. Versez la gelée au jus de fruits sur ce mélange, en la laissant pénétrer jusqu'au fond du moule. Couvrez et mettez 8 heures au frais.

3. Démoulez la terrine de fruits en gelée sur un plat long après avoir trempé le fond dans de l'eau chaude pour faciliter le démoulage. Découpez en tranches et servez sur des assiettes, en décorant avec le reste de framboises fraîches et de la menthe.

MOELLEUX AU CHOCOLAT VEGANS

Pour 4 à 6 personnes
Préparation : 20 minutes
Cuisson : 30 minutes

150 g de chocolat noir
20 g de cacao en poudre
3 œufs
40 g de sucre
10 cl d'huile de tournesol ou de pépins de raisin
10 cl de lait de riz

1. Cassez le chocolat en morceaux et faites-le fondre au bain-marie. Préchauffez le four à 180 °C (th. 6).

2. Faites légèrement chauffer le lait de riz. Battez les œufs, ajoutez le tout au chocolat fondu, incorporez le cacao en poudre et mélangez bien. Incorporez l'huile et le sucre.

3. Mélangez et versez dans des petits moules. Enfournez et faites cuire 15 minutes.

CHEESECAKE POIRES AMANDES,
sans gluten ni lactose

Pour 8 personnes
(moule de 18 cm de Ø)
Préparation : 15 minutes
Cuisson : 1 h 05
Réfrigération : 12 heures

1 grosse boîte de poires au sirop
2 œufs bio
400 g de tofu soyeux
50 g de margarine végétale bio
150 g de crème de soja
200 g de sablés sans gluten
1 ½ cuil. à soupe de fructose
2 cuil. à café de fécule
1 cuil. à café d'extrait d'amande amère

1. Préchauffez le four à 180 °C (th. 6). Dans un bol, faites fondre la margarine au four à micro-ondes. Égouttez les poires au sirop et essuyez-les avec du papier absorbant, puis découpez-les en gros dés. Réservez.

2. Dans le bol d'un robot, réduisez les sablés en poudre, puis incorporez la margarine fondue et mélangez. Tapissez le fond du moule avec cette préparation. Utilisez le dos d'une cuillère pour bien la tasser et égaliser les bords. Enfournez pour 15 minutes. Lorsque vous sortirez le moule, maintenez le four allumé à 180 °C (th. 6).

3. Dans le bol d'un robot, mixez 30 secondes le tofu soyeux pour qu'il devienne lisse. Ajoutez le fructose, la fécule, la crème de soja, l'extrait d'amande, puis incorporez les œufs un par un. Mettez dans un saladier et ajoutez les dés de poires.

4. Versez cette préparation dans le moule et enfournez 50 minutes à 180 °C (th. 6). Le cheesecake doit être cuit sur les bords et un peu tremblotant au centre. Laissez-le refroidir hors du four puis placez-le au réfrigérateur 1 nuit avant de le déguster. Avec la pointe d'un couteau trempée dans l'eau chaude, faites le tour du moule et démoulez le dessert.

BARRES DE CÉRÉALES
au pop-corn

Pour 4 personnes
Préparation : 20 minutes
Cuisson : 15 minutes

20 g de grains de maïs
à pop-corn
15 g de beurre
15 g de sucre
1 cuil. à soupe d'huile
de tournesol
1 blanc d'œuf
45 g de beurre
200 g d'un mélange de fruits
secs (abricots, pruneaux,
pommes…)
70 g de flocons d'avoine
20 g de chips de noix de coco
2 cuil. à soupe de farine
1 cuil. à soupe bien pleine
de miel

1. Préchauffez le four à 180 °C (th. 6). Préparez le pop-corn sucré. Versez l'huile dans une casserole à feu doux, ajoutez tous les grains de maïs et recouvrez la casserole avec un couvercle. Secouez toutes les 15 secondes. Retirez le couvercle lorsque vous n'entendez plus de grains éclater (cela peut prendre 3 à 4 minutes). Versez le pop-corn dans un saladier, mélangez-le avec le sucre, puis faites fondre le beurre et enrobez-en le pop-corn.

2. Taillez les fruits secs en tout petits morceaux et mettez-les dans un saladier avec le pop-corn, les flocons d'avoine et les chips de noix de coco. Mélangez. Dans une casserole, faites fondre le beurre avec le miel. Versez le tout sur la préparation précédente et mélangez.

3. Incorporez la farine, puis le blanc d'œuf. Veillez à bien enrober tous les ingrédients. Déposez une feuille de papier sulfurisé au fond d'un moule rectangulaire, versez la préparation dans le moule et tassez très fortement. Enfournez 15 minutes. La préparation doit être bien dorée.

4. Sortez le plat du four, laissez refroidir, démoulez et coupez des barres rectangulaires à l'aide d'un couteau. Passez le couteau sous l'eau et essuyez-le à chaque part, afin de faciliter la découpe. Le secret pour arriver à faire des barres réside dans le tassement de la préparation. Ces barres se conservent parfaitement dans une boîte hermétique à l'abri de l'humidité.

SOUPE POMME-POIRE
et flocons d'avoine grillés au sirop d'érable

Pour 4 personnes
Préparation : 15 minutes
Cuisson : 25 minutes

4 pommes acidulées
4 poires
80 g de flocons d'avoine nature
60 g de cerneaux de noix
40 g de sucre roux
20 g de beurre salé
6 cuil. à soupe de sirop d'érable
1 filet de jus de citron
2 cuil. à soupe d'huile d'arachide
½ cuil. à café de cannelle
1 gousse de vanille

1. Pelez et coupez les pommes et les poires en petits dés. Chauffez le beurre dans une casserole. Lorsqu'il est frémissant, faites revenir les dés de fruits. Au bout de 5 minutes, ajoutez la gousse de vanille fendue et grattée ainsi que le sucre roux. Couvrez, baissez le feu et laissez cuire 20 minutes : les fruits doivent rendre leur jus et s'attendrir sans être réduits en compote.

2. Lorsque les fruits sont cuits, arrosez-les d'un filet de jus de citron, laissez tiédir à couvert. Préchauffez le four à 150 °C (th. 5). Mélangez dans un bol les flocons, les noix hachées au couteau, l'huile, le sirop d'érable et la cannelle. Mélangez avec les doigts et étalez sur la plaque du four recouverte de papier sulfurisé. Faites cuire 15 minutes : les flocons doivent prendre une belle couleur dorée.

3. Retirez du four et laissez refroidir sur la plaque avant de détacher les flocons en grosses miettes. Répartissez la soupe de fruits tiède dans des coupes, parsemez de flocons d'avoine et dégustez.

TABOULÉ DE FRUITS FRAIS

Pour 4 personnes
Préparation : 15 minutes
Réfrigération : 1 heure

4 oranges
2 nectarines
150 g de fraises
1 citron
6 abricots secs
2 brins de menthe
200 g de boulgour
2 cuil. à soupe de miel
30 g de pignons de pin

1. Mettez le boulgour dans un saladier. Pressez 2 oranges et le citron. Versez les jus sur le boulgour, ajoutez le miel et mélangez. Laissez gonfler 1 heure au réfrigérateur.

2. Épluchez les oranges restantes à vif : tranchez l'écorce par larges bandes de haut en bas en mettant la chair à nu et détachez les quartiers en glissant la lame d'un couteau entre les fines membranes qui les séparent.

3. Réhydratez les abricots secs dans de l'eau tiède. Rincez et séchez les nectarines et les fraises. Équeutez les fraises. Coupez ces fruits en morceaux. Rincez et séchez la menthe. Effeuillez-la et ciselez la moitié.

4. Dans une petite poêle antiadhésive, faites dorer les pignons 1 minute à sec. Aérez le boulgour à la fourchette. Mélangez-le avec tous les fruits et la menthe ciselée. Ajoutez un peu de jus d'orange s'il vous paraît sec.

5. Répartissez-le dans des assiettes, parsemez de pignons et décorez de feuilles de menthe entières. Servez frais.

LAIT D'AMANDE
aux figues fraîches

Pour 4 verres
Préparation : 10 minutes
Cuisson : 5 minutes
Repos : 3 heures

1 l d'eau minérale
300 g de figues fraîches violettes bien mûres
125 g d'amandes en poudre
150 g de sucre en poudre
½ cuil. à café rase de cannelle en poudre (ou quelques gouttes d'amande amère)

1. Dans une casserole, portez à ébullition l'eau et le sucre. Retirez du feu. Incorporez la poudre d'amande en mélangeant au fouet. Mixez soigneusement au robot plongeant. Couvrez et laissez infuser jusqu'à complet refroidissement.

2. Lorsque le lait est bien froid et a eu le temps d'infuser, filtrez-le au travers d'une grande passoire très fine, de façon à ne conserver que le liquide (pressez bien sur la poudre d'amande avec le dos d'une cuillère, de façon à en extraire tout le lait). Ajoutez la cannelle ou l'extrait d'amande amère.

3. Lavez et séchez délicatement les figues, découpez-les, selon leur grosseur, en quatre ou en six, en hauteur. Versez le lait d'amande dans des coupelles ou des verres et ajoutez les morceaux de figues fraîches. Dégustez tant que le lait est encore un peu froid.

CRÈMES AU CHOCOLAT VÉGANES
à la casserole

Pour 6 personnes
Préparation : 15 minutes
Cuisson : 5 minutes
Réfrigération : 4 heures

75 cl de lait de soja vanillé
150 g de chocolat à pâtisser sans lactose (noir ou au lait)
60 g de fécule
40 g de sucre vanillé

1. Dans une casserole, faites fondre le chocolat à feu doux dans 60 cl de lait.

2. Mélangez dans un saladier la fécule et le sucre vanillé. Délayez avec le lait restant. Versez le lait chocolaté en filet, sans cesser de mélanger.

3. Reversez le tout dans la casserole et faites chauffer à feu doux pendant 2 minutes, sans cesser de remuer, jusqu'à ce que le mélange épaississe. Si des grumeaux se forment, fouettez brièvement la crème à l'aide d'un mixeur plongeant.

4. Répartissez la crème dans 6 ramequins et recouvrez de film étirable en contact direct avec la crème afin d'éviter la formation d'une peau en surface. Laissez refroidir au moins 4 heures au réfrigérateur.

SABLÉS À LA FARINE DE RIZ

Pour 4 portions
Préparation : 20 minutes
Repos : 1 heure
Cuisson : 10 minutes

50 g de farine de quinoa
ou de fécule de maïs + un peu
pour le plan de travail
100 g de farine de riz
40 g de sucre
100 g de beurre
Sel

1. Versez la farine de quinoa et la farine de riz dans un saladier, ajoutez le sucre et une pincée de sel. Mélangez. Incorporez le beurre coupé en dés et un peu d'eau, et travaillez le mélange pour obtenir une pâte.

2. Laissez reposer 1 heure au frais.

3. Préchauffez le four à 180 °C (th. 6). Formez une boule, farinez le plan de travail et étalez la pâte. À l'aide d'un emporte-pièce, découpez des sablés et posez-les sur une plaque à pâtisserie antiadhésive.

4. Enfournez et laissez cuire 10 minutes.

NEMS CHOCO-BANANE

Pour 4 personnes
Préparation : 20 minutes
Cuisson : 15-20 minutes

2 grosses bananes
(ou 3 petites)
10 cl de lait demi-écrémé
6 feuilles de brick
1 cuil. à soupe de cassonade
1 cuil. à soupe de cacao
maigre non sucré
25 g de chocolat noir
pâtissier à 60 % de cacao
1 cuil. à café de Maïzena®
30 g de sucre glace

1. Préchauffez le gril du four. Pelez les bananes et coupez-les en petits morceaux. Mettez-les dans une casserole avec la cassonade et laissez cuire 5 minutes à couvert. Laissez refroidir.

2. Coupez les feuilles de brick en deux. Déposez 1 cuillerée à soupe de compote de bananes sur chacune, puis enroulez-les et repliez-les en trois de façon à former 12 nems. Déposez-les sur une plaque de cuisson antiadhésive et faites-les colorer sous le gril de 8 à 10 minutes.

3. Cassez le chocolat en morceaux et faites-le fondre dans une petite casserole avec le sucre glace et le cacao, à feu doux. Délayez la Maïzena® dans le lait froid et versez le tout dans la casserole. Remuez avec une spatule en bois jusqu'à épaississement, 2 minutes environ.

4. Versez cette sauce au chocolat dans 4 coupelles. Répartissez les nems dans 4 assiettes et placez une coupelle de sauce dans chacune. Servez aussitôt.

GRANITÉ DE CŒUR
de concombre à l'orgeat

Pour 2 verres
Préparation : 15 minutes
Cuisson : 3 minutes
Congélation : 1 heure

Le cœur de 2 concombres
40 cl de lait d'amande
2 cuil. à soupe de sirop d'orgeat
3 branchettes de mélisse

1. Faites chauffer le lait d'amande avec le sirop d'orgeat et la mélisse. Laissez refroidir à couvert.

2. Enlevez les branches de mélisse, puis mixez la pulpe de concombre avec le lait. Versez dans un plat à gratin et faites prendre au congélateur pendant 1 heure en raclant avec une cuillère toutes les 15 minutes pour donner l'aspect granité au mélange.

3. Servez dans des verres, puis dégustez immédiatement.

INDEX DES RECETTES

Bagels aux feuilles de chou et chèvre frais, 73
Barres de céréales au pop-corn, 178
Beignets d'aubergine, 20
Beignets de salsifis au parmesan, 14
Blanquette de carottes grelots, 136
Blinis d'artichaut, 26
Boulettes de pommes de terre et brocoli, 6
Boulettes de sarrasin, coleslaw à la purée d'amande, 132
Burgers potagers, 106
Carottes au cumin, 116
Caviar de pelures de carottes, 24
Chaussons chèvre-épinards au pesto, 108
Chaussons croustillants aubergine-feta, 102
Chaussons mozzarella, artichaut et tomates confites, 100
Cheesecake poires amandes, sans gluten ni lactose, 176
Chips de vitelotte et de panais et tur dip, 12
Chou chinois braisé aux champignons parfumés, 138
Conchiglioni aux légumes rôtis, pesto de basilic aux amandes, 70
Courge butternut en lasagne, 158
Couscous de légumes à la semoule d'épeautre, 120
Crèmes au chocolat véganes à la casserole, 186
Crumble au fenouil, 162
Crumble d'artichaut, olives et tomates confites, 166
Crumble de légumes nouveaux au curry léger, 156
Crumble de potimarron aux noisettes, 154
Curry de légumes, 112
Curry de pois chiches, 150
Falafels, 88
Flamiche au vert de poireaux, 96
Fruits rouges en gelée au jus de fruits à la menthe, 172
Galettes de flocons de céréales, sauce au yaourt, 110

Gâteau courgette-feta, 98
Gnocchis de cosses de petits pois, 68
Gnocchis de vitelottes au coco, 76
Granité de cœur de concombre à l'orgeat, 190
Gratin de céleri-rave et crumble de céréales, 164
Gressins au potiron, beaufort et carvi, 8
Hamburger végétarien, 104
Lait d'amande aux figues fraîches, 184
Lasagnes végétariennes aux aubergines grillées, 80
Légumes sautés, 124
Minestrone de riz rond aux lentilles et pois cassés, 46
Mini-pâtissons aux herbettes, 118
Moelleux au chocolat vegans, 174
Nems choco-banane, 188
Œufs pochés sur chili sin carne, 130
Pain hérisson à partager, 40
Panais rôtis au miel et au sésame, 119
Pâtissons farcis à l'italienne, 168
Petits blinis de rutabaga au curry, 28
Petits navets boule d'or glacés aux oignons nouveaux, 142
Petits soufflés de courge butternut, 86
Pilaf de riz noir, légumes croquants, câpres et graines, 58
Pizza aux légumes et mozzarella, 94
Pizza blanche aux ravioles du Dauphiné, 92
Poêlée de chou-fleur aux épices, 126
Polenta crémeuse aux champignons de Paris, 66
Purée d'aubergines à l'huile de sésame, 30
Purée de carottes au pavot, 48
Purée de céleri-rave aux feuilles de céleri, 54
Purée de fèves aux morilles, 50
Purée de patates douces en gratin aux épices, 49
Purée de tomates à la crème d'ail, 32
Ravioles au brocoli, 64
Ravioles de Royans, 62
Raviolis à l'époisses et aux poires, 90
Raviolis sauce aux pistaches, 74

Risotto au potimarron, 78
Riz croustillant aux tiges d'asperges sautées, 60
Riz indien aux légumes et au fruit secs, 134
Rouleaux de courgette au chèvre, 10
Sablés à la farine de riz, 187
Salade de quinoa aux courges confites, 36
Salade de tofu parfumé et poireau, 38
Samosas, 10
Sauce au poivron pour spaghettis, 72
Saucisses de pois chiches et sauce au yaourt, 84
Saucisses poireau-mimolette et chutney d'oignons rouges, 82
Shortbreads à la fleur de sel, 18
Soupe à l'œuf croustillant et au pak-choï, 52
Soupe de légumes anciens à la crème d'ail, 44
Soupe de petit épeautre aux légumes primeurs, 34
Soupe de fanes de radis, 22
Soupe poireau-pomme de terre à la crème, 56
Soupe pomme-poire et flocons d'avoine grillés au sirop d'érable, 180
Taboulé de fruits frais, 182
Tajine d'aubergines à la cannelle, 114
Tajine de carottes aux oignons, 144
Tajine de lentilles aux courgettes, 152
Tajine de pommes de terre à l'ail, 148
Tajine de tomates aux poivrons et piments, 146
Tartare de tomates jaunes et green zebra, gelée de cœur de bœuf, 42
Tarte fine à la tomate et moutarde à l'ancienne, 97
Tartinade de fanes de radis, 22
Tian de cardons au gorgonzola, 160
Tofu laqué, écrasée de pommes de terre à la ciboulette, 128
Tomates à la provençale, 170
Wok « green », 127
Wok d'orange, fenouil & oignon rouge, 143
Wok de panais aux pleurotes, 140
Wok de trofie aux brocolis, 122

CRÉDITS

Recettes : Karen Fingerhut : 6, 88 / Delphine Brunet : 8, 10, 22, 24, 26, 60, 64, 68, 72, 73, 96, 97, 116, 162, 190 / Martine Lizambard : 12, 14, 28, 42, 76, 78, 86, 118, 119, 136, 140, 142, 154, 156, 158, 160, 166, 168, 170 / Vijay Acharya : 16, 112, 126, 150 / Véronique Cauvin : 18, 106, 176, 178 / Gabrielle Keng : 20, 38, 138 / Sylvie Girard-Lagorce : 30, 32, 48, 50, 54, 172 / Céline Mennetrier : 34, 36, 46, 58, 66, 70, 80, 92, 98, 110, 120, 128, 130, 132, 134, 164 / Dorian Nieto : 40 / Marine Labrune : 44, 55, 180, 184 / Sirikit Thaï : 52, 124 / Lucia Pantaleoni : 62, 74, 90 / Stéphanie Bulteau : 82, 84, 104 / Marie Leteuré : 94 / Véronique Liégeois : 100, 102, 108 / Julie Bocage : 114, 144, 146, 148, 152 / Marine Crousnillon : 122, 127, 143 / Catherine Bourron Normand/Béatrice Vigot Lagandré : 174, 187 / Valérie Bestel : 182, 188 / Estérelle Payany : 188.

Photographies et stylisme : Olivier Rouault/Bernard Radvaner : 7, 89 / Delphine Brunet : 9, 11, 23, 25, 27, 61, 65, 69, 72, 73, 96, 97, 116, 163, 192 / Amélie Roche/Audrey Cosson : 13, 15, 29, 43, 77, 79, 87, 107, 118, 119, 137, 141, 142, 155, 159, 161, 169 / Valery Guedes/Natacha Arnoult : 17, 21, 39, 53, 113, 125, 139, 151, 155, 157, 167, 171 / Pierre Chivoret/Alexia Janny-Chivoret : 19, 173 / Éric Fénot/Delphine Brunet : 31, 33, 49, 51, 55, 123, 127, 143, 179 / Nathalie Carnet/Lucie Dauchy : 35, 37, 47, 59, 67, 71, 81, 93, 99, 111, 121, 129, 131, 133, 135, 165 / Dorian Nieto : 41 / Marie-Josée Jarry : 45, 57, 181, 185 / Valery Guedes/Chae Rin Vincent : 63, 75, 91 / Guillaume Czerw/Sophie Dupuis-Gaulier : 83, 85 / Jérôme Bilic : 95 / Bernard Radvaner/Motoko Okuno : 101, 103, 109, 188 / Jean Bono/Emmanuel Renault : 105 / Nathalie Carnet/Manuela Chantepie : 115, 145, 147, 149, 153 / Valery Guedes/Emmanuel Rouault : 175, 187 / Amélie Roche/Sandra Schuman : 177 / Pierre-Louis Viel/Delphine Brunet : 183, 189.